AF469594

Saint Hubert

Patron des Chasseurs.

L. HUYGHEBAERT.

L. HUYGHEBAERT.

SAINT HUBERT

Patron des Chasseurs

Il a été tiré de cet ouvrage cinquante exemplaires numérotés 1 à 50 sur papier couché, avec un hors texte par l'acquarelliste Frans Vandenbroucke, représentant la chapelle de Saint Hubert à Tervueren.

PRÉFACE.

L'abbaye de Saint Hubert possédait à Bure un château servant à la fois de maison de repos et de pavillon de chasse. Le 13 février 1721, les Révérends J. le Clerc et G. Devaux, curés de Bure et de Tellin, adressaient à l'Abbé une supplique lui exposant combien l'exercice de la chasse leur faisait de bien « tant pour leur santé que pour de temps en temps se délasser et prendre haleine, scachant cependant que la chasse qui se fait avec grand bruit est défendue aux ecclésiastiques. Aussi prient-ils très humblement sa noble Seigneurie de vouloir bien concourir à la conservation de leur santé en leur donnant pouvoir et permission de chasser. »

« Le lieuvre seulement, le plus rarement qu'il leur sera possible et sans personne avec eux. » Telle fut la réponse laconique du Révérend Abbé. (Archives d'Arlon. Bure 23. H. 11.)

Tous les chasseurs sentiront dans ces lignes le frémissement de leur chère passion, forcément un peu jalouse, bien plus que la mauvaise humeur de l'Abbé à qui l'on rappellait sans à-propos les prescriptions canoniques touchant la chasse. En effet, les moines de l'abbaye ne vénéraient pas seulement en leur patron le grand Évêque de Liège ; ils tenaient à montrer par leur faste cynégétique comme avait de prix à leurs yeux la jolie légende d'Hubert, chasseur décidé, converti par le cerf crucifère et devenu le protecteur de tous les veneurs. De la noble abbaye sortit la race des braques noirs et feu dont tous les chiens d'ordre ont le sang dans les veines et dont le sévère « bloodhound » est le dernier rejeton. Les veneurs et les cynophiles belges n'oublieront jamais ce titre de fierté ; aussi ont-ils voulu associer leurs fêtes profanes aux grandioses solennités liturgiques qui, à l'heure où paraitront ces lignes, célèbreront le XIIe centenaire de la mort de leur Patron.

Les préparatifs des fêtes de saint Hubert ont été faits si discrètement que le public les connut il y a trois mois à peine. Historiographe très averti des races canines belges, M. Louis Huyghebaert, ne pouvait rester indifférent à l'approche d'un tel jubilé et forma dès l'instant le projet de magnifier « **SAINT HUBERT, PATRON DES CHASSEURS** *». Il a réalisé ce tour de force de réunir et d'éditer en quelques semaines les notes qu'on va lire.*

N'étant point de ceux qui parcourent les sentiers battus, il a trouvé le moyen de nous offrir des documents inédits, puisés surtout aux sources belges et empreintes de la savoureuse originalité des mœurs de nos pères. Le mérite est grand quand on sait l'abondante littérature consacrée à saint Hubert.

Flamand, c'est principalement dans les trésors et les archives des anciennes confréries flamandes que M. Louis Huyghebaert a cherché les hommages rendus à la gloire du Patron des Ardennes : nous y voyons un témoignage nouveau de l'unité des provinces belgiques dans leurs vénérations et leurs coutumes.

Il n'existe sans doute plus à l'heure présente de Gildes consacrées à la manière du bon vieux temps, à l'Évèque de Liège. On relèvera cependant avec satisfaction que la **Société Royale Saint-Hubert**, *directrice de l'élevage canin belge, depuis plus de 45 ans et le* **Saint-Hubert Club de Belgique**, *union des chasseurs de notre pays, ont tenu à se placer sous l'égide du grand Saint et à perpétuer ainsi le souvenir d'une légende populaire entre toutes.*

Le livre de M. Louis Huyghebaert, n'en doutons pas, y contribuera grandement aussi.

Le 8 mai 1927. Albert HOUTART.

AVANT PROPOS.

Dans le manuel «Saint Hubert-en-Ardenne» (1), publié par le curé doyen de St. Hubert, à l'occasion de la célébration du XIIe centenaire de la mort du saint Apôtre de l'Ardenne, l'auteur constate, non sans regrets, que les légendes dont on s'est plu à entourer la mémoire du glorieux «Patron des Chasseurs» ont trop souvent fait oublier la grande figure d'évêque que fut l'évangélisateur de l'Ardenne.

Des historiens ont voulu détruire une à une ces merveilleuses légendes (2) mais celles-ci n'en restent pas moins vivaces et elles continueront à attirer et à captiver les foules, comme pendant des siècles elles ont inspiré, en Belgique comme en France, et en Allemagne comme en Angleterre, les peintres, les graveurs, les littérateurs, les musiciens et les sculpteurs.

Comment trouver une explication à cette si grande popularité de saint Hubert, assurément sans exemple dans l'histoire des saints ?

C'est ce que nous tâcherons d'expliquer en analysant surtout le côté profane, folklorique et populaire de la vie du grand Patron.

Dans cet ordre d'idées nous serons amenés à parler :

de la vie de l'illustre Chasseur ainsi que de sa conversion provoquée par l'apparition miraculeuse du cerf;

des ordres de Chevalerie et des Confréries dont les fondateurs ont choisi le glorieux Evêque comme patron;

des traditions entretenues par le culte de saint Hubert et des œuvres artistiques que ce culte a inspirées ;

des trompes de chasse comme emblèmes religieux et comme accessoires de chasse ;

des simples disciples de saint Hubert, de leurs chasses et de leurs chiens préférés;

et hélas aussi, et pour finir, de la rage, et de la frayeur qu'elle provoquait avant la découverte de Pasteur, le plus illustre de nos savants modernes.

* * *

Pour arriver à bout de notre tâche, nous avons frappé très indiscrètement à bien des portes. Si nous avons encore découvert de l'inédit

---

(1) **Saint Hubert-en-Ardenne.** *Manuel du Pélerin et du visiteur au sanctuaire de Saint Hubert-en-Ardenne, Gembloux. J. Duculot. Editeur. 1926.*

(2) *L. Vander Essen.* **Les Vitae des Saints Mérovingiens de l'Ancienne Belgique.** *Louvain-Paris 1907.*

dans un domaine pourtant si battu, nous le devons à la grande obligeance de ceux qui ont bien voulu nous aider dans nos recherches, parmi lesquels nous citerons spécialement :

MM. les Abbés J. Schméler, doyen de Saint-Hubert, F. Bernaerts, curé à Saint-Charles à Anvers, Philippen, archiviste des Hospices Civils, également à Anvers, et J. Heylen, vicaire à Saint-Jacques à Louvain. MM. Frans Claes, conservateur du «Steen» et du «Vleeschhuis» à Anvers; Ferd. Donnet, administrateur honoraire de l'Institut des Beaux-Arts; Maurice Sabbe, conservateur du Musée Plantin à Anvers; Van Werveke, conservateur du Musée de la Biloque à Gand; Michaëlis, conservateur des archives de l'Etat à Arlon; Dr. Tricot-Royer, professeur à l'Université de Louvain; E. H. van Heurck, folkloriste à Anvers; A. Houtart, secrétaire général honoraire de la Société Royale Saint-Hubert à Bruxelles ; Ernalsteen, archiviste de l'église Notre-Dame à Anvers ; Nowé, archiviste à Gand; Dr. Van Doorslaer, président du Cercle Archéologique à Malines, et bien d'autres encore.

Qu'ils veuillent trouver ici nos plus sincères remerciements.

Anvers, le 1er mai 1927.

PREMIÈRE PARTIE.

I. — Les prédécesseurs de saint Hubert en tant que patron des chasseurs.

Quelle est l'origine du culte de saint Hubert, en tant que patron des chasseurs ?

Certains auteurs prétendent que la fête que les Gaulois célébraient en l'honneur de Diane ressemblait assez bien à celle que les chasseurs appellent «la Saint-Hubert».

On lit aussi dans «*Les Délices du Païs de Liège*» (1) que «Tandis que les Ardennes étaient plongées dans l'idolâtrie, ainsi que les autres provinces des Gaules, Diane, déesse des Bois et de la Chasse, était la principale des fausses divinités qu'on y adorait. On lui consacrait une infinité de Lieux dans cette vaste Forêt où elle avait des autels dont on voit encore des débris.»

Un auteur allemand déclare, d'autre part, que vers la fin du moyen âge, il existait encore en Allemagne des «*Ordres de Diane*».

Les disciples de ces ordres avaient pris comme insignes des médailles portées à un ruban vert, noir et blanc. Quand un chasseur se distinguait à plusieurs reprises, on lui conférait un couteau de chasse avec les insignes de Diane, ou un coutelas ornementé de la même façon. Pour les femmes, l'insigne se composait d'un croissant d'argent, orné de diamants, en forme de diadème. Ces ordres de Diane sont probablement tombés en désuétude, ajoute le même auteur, au début du XVIe siècle. (2).

Plus tard, en France, on note, il est vrai, un très timide essai de fête en l'honneur de la déesse Diane : par une étrange bizarrerie, Barras, sous le Directoire, voulut célébrer la Saint-Hubert à Gros-Bois (3) ; mais comme à cette époque de tourmente révolutionnaire la qualification de saint n'était point en bonne odeur, les invitations portèrent prudement : «Fête de Diane».

*
* *

La conversion des païens, derniers disciples du culte de Diane

(1) Ouvrage en cinq volumes publié, en 1793, par Saumery.

(2) *L'évolution de la Chasse* par le professeur A. Schwappach, dans «*Les Animaux dans la légende, dans la Science, dans l'art etc.* Paris. Maison d'Edition Bong et Cie. 1922.

(3) Voir «*La Vision de Saint Hubert*» par Charles Diguet. Paris 1884.

chasseresse, fut entreprise par saint Amand et terminée au VIIIe siècle en Toxandrie, en Brabant et dans les Ardennes, par saint Lambert et saint Hubert (1) mais ce n'est que beaucoup plus tard, vers le XVe siècle, que Saint Hubert fût effectivement choisî comme «patron» des chasseurs et qu'on lui attribua la légende du cerf crucifère racontée comme suit par Henry Martin :

Un jour solennel de Vendredi Saint de l'an 683, quelques-uns veulent que ce fût à la Noël, entrainé par son amour excessif de la chasse, il négligea l'église pour la fôret. Ses chiens, habitués aux belles prises, lancent un cerf dix-cors, le plus grand que jamais veneur ait forcé. La bête se fait chasser sans recourir aux ruses habituelles, point de change ni de retours, et après plusieurs heures ne montre pas plus de fatigue qu'au moment du lancer. Hubert s'en étonne. Ce cerf lui semble à présent d'une stature gigantesque ; son poil lui parait d'une nuance si claire qu'il n'en croit pas ses yeux. Il s'inquiète, il n'est pas sûr de n'être point le jouet d'une hallucination. Le dix cors cependant s'est mis à marcher d'assurance. La poursuite continue longuement. L'hallali ne peuttarder. Hubert s'estlancé dans une course folle ; il n'est plus qu'à un jet de pierre du cerf. Tout à coup celui-ci fait face aux chasseurs. L'animal est énorme ; son pelage, d'une blancheur éclatante, projette autour de lui une auréole. Et quand il se tourne vers Hubert et ses compagnons, chiens et chevaux s'arrètent brusquement, comme si une barrière s'était soudain dressée devant eux. Hubert éperonne son cheval, qui refuse d'avancer. Alors il regarde. Entre les deux cornes du cerf une croix est posée, dont chaque bras s'appuie à un andouiller, et sur la croix resplendit le Christ dans une nuée lumineuse. A cette vue, le bon veneur saute à bas de sa monture et s'agenouille. Une voix se fait entendre : «Hubert, Hubert, jusqu'à quand poursuivras-tu les bêtes des forêts ? Jusqu'à quand la passion de la chasse te fera-t-elle oublier ton salut ? Si tu ne te convertis, tu seras sans remise précipité dans les enfers.

«Seigneur, répond Hubert, que voulez-vous que je fasse ? Et la voix : «Va à Maestricht vers mon serviteur Lambert il te dira ce que tu dois faire».

De ce jour Hubert ne chasse plus. C'est du moins ce que nous apprend la légende.

Quant aux veneurs, ses disciples, qui admettent comme un dogme que qui a chassé chassera toujours, ils soutiennent qu'à partir de ce moment Hubert, à la vérité, ne poursuivit plus les cerfs, mais qu'il ne renonça point tout à fait à courre le loup et le sanglier, et que même, quelquefois, si l'occasion s'en présentait favorable, il lui arriva peut-être de forcer un lièvre. Jamais du moins, et là dessus les opinions sont unanimes, jamais plus on ne vit saint Hubert déserter un jour de fête le service divin.»

---

(1) Voir à ce sujet H. Pirenne. «*Histoire de Belgique*», tome I p. 19.

Pour connue et populaire qu'elle soit, la légende de saint Hubert n'est pas ancienne. Elle ne se manifeste guère avant le règne de Charles VII. C'est aussi l'époque où l'ordre militaire de saint Hubert fut institué par Gérard, duc de Clèves et de Gueldre, en mémoire de la victoire remportée, en 1444, le 3 novembre, jour de fête du Saint, sur ses ennemis de la maison d'Egmont.

Pendant sept cents ans, du VIIIe siècle au XVe, on vénéra saint Hubert sans que personne ait songé à attribuer sa conversion à l'apparition miraculeuse du cerf porteur de croix.

Mais, la légende une fois établie, peintres et sculpteurs l'adoptèront avec ferveur, et ce leur sera le plus heureux prétexte à figurer une scène de chasse très vivante. Puis, comme on est au temps où le paysage commence à naître, les artistes s'empresseront de placer l'épisode dans son cadre naturel : une forêt d'arbres feuillus, des rochers, de hautes herbes, avec parfois dans le lointain, quelque manoir gothique. C'est une page de plein air et cela seul eut suffi à en assurer le succès. Aussi les représentations de la vision de saint Hubert sont elles nombreuses.

Très anciennement, bien avant le XVe siècle, ont trouve, il est vrai, cette scène identiquement figurée. Mais ce n'est pas saint Hubert qui en est le héros. Une légende antique attribue la même vision à un officier païen du IIe siècle nommé Placidas, qui se convertit et prit au baptême le nom d'Eustache, devenu depuis lors si célèbre dans le monde chrétien. Lorsqu'on voit antérieurement au XVe siècle, comme dans les vitraux de Chartres, par exemple, un veneur agenouillé devant un cerf crucifère, on ne doit donc point douter que le sculpteur ou le peintre ont voulu représenter saint Eustache. Dans un tableau célèbre qui fut peint vers 1430, Pisanello a figuré avec un grand charme la scène du cerf. Naguère encore on y reconnaissait saint Hubert : les critiques modernes lui ont rendu son véritable sens. C'est bien de saint Eustache qu'il s'agit.

D'autre part, une planche, également fort connue, la plus grande qu'ait gravée Albert Dürer, représentant le même sujet, pourrait, étant donné qu'elle fut exécutée en 1504, être regardée comme une image de saint Hubert, si l'artiste lui-même, dans le Journal de son voyage aux Pays-Bas, n'avait pris soin de mentionner cette œuvre sous le nom de vision de saint Eustache (1).

Une autre gravure insérée en tête d'une vie de saint Eustache, éditée à Rome en 1665, par le père Athanasius Kircherus de la Société de Jésus, donne une représentation si naïve de la poétique légende du cerf crucifère, que nous avons accepté avec empressement l'autorisation

(1) Henry Martin, administrateur de la Bibliothèque de l'Arsenal. — *Saint Hubert,* dans la belle série de «*L'art et les Saints*». Henri Laurens, Editeur, Paris.

La Conversion de Saint Eustache.

Gravure du XVIIe siècle.

de M. Emile H. van Heurck de reproduire ce précieux document (1).

D'autre part, nous avons trouvé dans la «*Generale Legende der Heilighen*» (2), volumineux ouvrage paru en 1686 chez Verdussen à Anvers (6e édition), une planche donnant pour le mois de Septembre — comme pour les autres mois du calendrier du reste — une représentation graphique de la légende de chacun des saints repris dans le texte. Chose curieuse, bien que l'ouvrage en question ait paru à une époque où la légende de saint Hubert et du cerf était déjà connue, c'est saint Eustache qui est représenté à genoux devant le cerf crucifère (voir page 220, figure 20, à la date du 20 septembre) et saint Hubert est figuré debout comme un simple évêque, sans attributs spéciaux, dans la case également occupée par un autre évêque, saint Malachias (voir à la date du 3 novembre page 414). Dans le texte même il est toutefois dit, très sommairement : un jour, étant à la chasse, dans les environs de Tongres a vu notre seigneur Jésus Christ entre les cornes d'un cerf (3).

Dans la «*Légende Dorée*» saint Hubert n'est pas même cité, tandis que la légende du cerf est largement détaillée sous le nom de saint Eustache. Il est vrai que celui-ci était romain (4).

C'est sans doute aussi parce que saint Hubert n'était pas romain que sa fête, tombant le 3 novembre, ne fut plus célébrée à partir de 1598, par le chapitre de l'église Notre-Dame, cette église, dit son archiviste, feu M. Edm. Geudens, ayant adopté à cette date le Bréviaire Romain (5). Le même auteur ajoute «qu'a raison de la suppression de la fête de saint Hubert par l'église, ses disciples s'évertuèrent sans doute à tenir d'autant plus son nom en honneur par de joyeux banquets!»

Nous reprendrons ce point d'histoire gastronomique anversoise, quand nous reparlerons en détail de cette ancienne et noble «*St. Huybrechtsgilde* et de ses «*Gildebroeders*» ou «confrères». Pour l'instant il suffira de signaler que le chapitre de l'église Notre-Dame eut soin de rétablir, au début du XVIIIe siècle, la fête de saint Hubert. Pour lui donner plus d'éclat, elle ajouta même un *Te Deum* à la messe solennelle anniversaire du 3 novembre, « son Eminence l'Evêque ayant

---

(1) Voir de ce folkloriste : *Saint Hubert et son culte en Belgique*. Imprimerie G. Leens, Verviers 1925.

(2) *Generale Legende der Heylighen*, door P. Petrus Ribadineira ende P. Heribertus — Priesters der Societeyt Jesus.

(3) *eens omtrent de stad Tongheren / ter jacht wesende / tusschen de hoornen van eenen hert Christus onzen Salighmaeker ghesien* (page 428).

(4) Dans le même ouvrage pieux de Jacques de Voragine, qui écrivit au XIIIe siècle, on lit une adorable légende ayant une biche et des veneurs pour acteurs. Elle concerne saint Julien l'Hospitalier. Gustave Flaubert a brodé un admirable conte sur cette légende. Sur une gravure coloriée (genre image populaire), imprimée chez Basset à Paris, on voit le cerf crucifère porter la parole divine à Saint Julien, à cheval, accompagné de deux chiens.

(5) Edm. Geudens. *Het St. Huybrechtsgild en zijne genooten in de Onze-Lieve-Vrouwenkerk te Antwerpen* (1500-1821). Antwerpen 1921.

prescrit, que dans tout le diocèse, la Saint-Hubert serait fêtée comme *Duplex*, c.a.d. avec double office, et obligatoire.» (Edm. Geudens. Ouvrage cité.)

Entretemps, les peintres et les graveurs avaient tellement multiplié les représentations de la légende de saint Hubert, que saint Eustache finit par occuper le second rang, dans la faveur populaire, tant en France, qu'en Belgique et en Allemagne, après avoir été placé un certain temps sur le même rang. Vers le milieu du XVIIe siècle, ces deux saints furent, en effet, fêtés le même jour comme patrons de la chasse, ainsi que le prouve une brochure parue, en 1649, sous le titre de : *Les particularités de la chasse royale faite par Sa Majesté le jour de Saint Hubert et de Saint Eustache, patrons des chasseurs, accompagnée de plusieurs seigneurs de marque de sa cour. Paris 1649.* Döbel dit au début de la description de la fête de saint Hubert : « J'ai déjà rapporté beaucoup de choses au sujet de « Sancto Huberto ». Il s'est auparavant appelé Eustache. »

Faut-il après ces citations ajouter encore l'opinion du veneur poitevin du Fouilloux et de Salnove que Hubert Du Moustier (1) résume comme suit, après avoir fait allusion à la dévotion des chasseurs de Poitiers envers saint Hubert, et à sa statue, sculptée par Madame la duchesse d'Uzès :

« Du Fouilloux et Salnove n'ont point oublié de compter saint Eustache parmi les saints protecteurs de la chasse, dont il est devenu comme un patron secondaire, devant l'éclatant crédit de saint Hubert. »

*
* *

Quand on y réfléchit, on est vite convaincu que les chasseurs avaient des motifs très sérieux pour remplacer saint Eustache par un autre patron.

Le premier choix n'avait pas été heureux, il faut bien l'avouer : Toute la vie de saint Eustache s'était passée à l'étranger, à Rome, ou dans les environs. C'était donc un inconnu pour nos populations, tandis que saint Hubert était de « chez nous ». Il n'était pas seulement connu et vénéré comme Evêque et fondateur de Liége, mais il avait séjourné à Tervueren (près de Bruxelles), à Leefdael, à Louvain, à Nivelles-sur-Meuse, à Maestricht, à Tongres, à Emael, à Givet, et à l'occasion de ses déplacements il avait « semé sa route de miracles » comme dit l'auteur des « *Délices du Païs de Liège* ».

Autre considération, très profane celle-là, mais à cause de cela

(1) Sous ce pseudonyme se cache modestement l'abbé Michaux, curé à Sainte-Marie-la Fougéreuse (Deux Sèvres) qui, entre autres études archéologiques très appréciées, a publié, en 1923, chez Grimaud à Argenton-Château (France) un livre fort intéressant sur « *Saint Hubert et la chasse en Poitou* ».

nullement négligeable : la fête de saint Eustache arrivait à un moment s'accomodant très mal avec les occupations et les goûts des si nombreux chasseurs et oiseleurs.

Le 20 septembre, en effet, les récoltes ne sont pas toutes rentrées, et, de plus, comment organiser convenablement des battues au gros et petit gibier avant la chute des feuilles ?

Mais parlez-moi du 3 novembre ! Voilà une date judicieusement choisie : fruits et récoltes sont engrangés, le bétail rentré dans les étables, et la forêt dénudée à point pour faciliter la poursuite et la prise de tout gibier, poils et plumes !!

N'oublions pas non plus que dans nos provinces, tout le monde chassait au XVe jusqu'au XIXe siècle, les grands comme les petits, et les roturiers autant que les nobles et les grands seigneurs.

Ne plus chasser, pour se soumettre à la volonté divine, était donc un sacrifice dont un peuple de passionnés chasseurs était particulièrement à même d'apprécier à la fois l'étendue et le poids. Les nobles principalement devaient en être profondément frappés, puisque la chasse — la chasse à courre surtout — avec son faste et son luxe obligés, était, avec le métier des armes, leur unique délassement.

Renoncer à pratiquer «le noble déduit» comme on disait du temps de la chevalerie, c'était donc, pour une personne de condition noble comme l'était Hubert, se retirer volontairement du monde.

Le graveur Lucas van Leyde a rendu très bien ce «renoncement» en composant, en 1419, sa magistrale gravure «*Marie Madeleine renonçant aux plaisirs du monde*» : à l'avant plan il à représenté Marie Madeleine, la tête déjà légèrement auréolée, assistant pour la dernière fois à une réunion musicale champêtre assez libre, et au second plan, la pècheresse apparait, la tête encore plus faiblement nimbée, poursuivant son dernier cerf, en compagnie de veneurs sonnnant du cor et précédés d'une meute de chiens sanguinaires.

Rien d'étonnant donc à ce que dans un monde si pieux, et si profondément intéressé aux choses se rapportant au gibier, aux chevaux, aux forêts et aux chiens, la légende de saint Hubert, qui réunissait si intimement et si poëtiquement tous ces facteurs cynégétiques, ait été partout si sympathiquement acceuillie.

Il ne serait cependant pas impossible, qu'a part saint Eustache, un autre saint ait, avant le XVe siècle, partagé avec saint Hubert les pieuses offrandes des chasseurs.

Nous voulons parler de saint Gilles, auquel la légende a donné comme compagnon une biche «qui avait sans doute été destinée de Dieu pour lui servire de nourrice, et qui lui donnait du lait à certaines heures» (1) comme l'écrit De Voragine.

C'est en vain que des chasseurs essayèrent de s'emparer de cette

---

(1) *La Légende Dorée*, ouvr. cité. La légende est située en Italie vers l'an sept cents. Gilles naquit à Athènes, de race royale.

biche en la poursuivant avec leurs chiens à travers les forêts, les buissons et les ronciers. Finalement l'un des chasseurs «lança follement une flèche pour faire sortir la biche, et ce trait fit une blessure à l'homme de Dieu qui priait pour la biche». Mis au courant de ces faits, le Roi, l'Evèque et les chasseurs se rendirent auprès du pieux ermite pour lui demander pardon. Ils lui envoyèrent aussi des chirurgiens pour guérir sa plaie et ils lui offrirent de grands dons, mais saint Gilles ne voulut mettre aucun remède sur sa plaie, et il repoussa les dons ; il pria Notre Seigneur qu'il ne fut jamais guéri de sa vie ; car il savait bien que l'infirmité rend la vertu plus parfaite...».

Serait-ce cette partie de la légende qui décida le bienheureux Thierry I, de Leernes, de consacrer à saint Gilles la première église paroissiale de la capitale des Ardennes, pays si riche en forêts et en gibier ? Cette petite église se trouve un peu plus bas que celle de l'abbaye. Elle fût bâtie, vers 1040, donc à peu près à la même époque, où le même bienheureux Thierry commença ses grandes constructions monastiques débutant par celle d'Andage, nom donné au début à l'abbaye de St. Hubert.

Conversion de Saint Hubert
Antependium de l'église de St-Gilles-aux-Prés, à St-Hubert
(*Photo Laurent*)

A l'intérieur de cette très pitoresque église de Saint-Gilles-aux Prés, le plus ancien sanctuaire de Belgique consacré à ce saint abbé, comme dit le *Manuel du Pélerin* (p. 20) on retrouve de nombreux rappels du style roman de l'époque. La statue de saint Gilles avec sa fidèle biche domine le maître-autel, et des deux autels latéraux, celui de droite est consacré à sainte Barbe, et celui de gauche à saint Eloi et à saint Hubert, comme le prouve une inscription datée de 1675.

C'est de la même époque, dirait-on, que daterait l'antependium en bois sculpté représentant la légende de la conversion de saint Hubert qui garnit encore actuellement l'autel de sainte Barbe. Cette modeste église, si attrayante pourtant, par sa si pieuse simplicité et sa situation pittoresque, près de la route vers Bure n'aura certainement pas été exclue des offrandes que «les grands de l'Ardenne entière prélevaient, en l'honneur de saint Hubert, sur les prémices de la chasse de chaque année», comme le déclare l'auteur anonyme des *Miracles de Saint Hubert*, qui écrivait entre 1087 et 1106.

Nous avons vu arriver au monastère, raconte, d'autre part, à la fin du XIe siècle, l'auteur du *Cantatorium* «Frédéric, duc de la Basse Lorraine suivi de ses Veneurs portant un sanglier, et lui-même les épaules chargées de la hure de l'animal qu'il déposa dévotement devant l'autel de saint Pierre. Le duc Godefroid, surnommé le Barbu, allant aussi un jour à la chasse pour accomplir ce pieux usage en l'honneur de saint Hubert, prit cinq cerfs et un loup ; nous l'avons vu offrir à l'église les cinq cerfs avec leurs peaux et le loup encore vivant.»

Cette dernière citation ne manque certes pas de précision, mais concevrait-on que des augustes chasseurs, si généreux en offrandes devant l'autel de saint Pierre, négligeraient d'associer saint Gilles et son église à ce geste pieux ?

N'est-ce pas aller un peu loin, dans ces conditions, que de faire état de ces offrandes pieuses pour justifier l'opinion, que dès le XIe siècle, saint Hubert était considéré comme le «patron» des chasseurs ?

A notre modeste avis, ce n'est qu'à partir de l'époque où des associations de chasseurs se sont formées, c.a.d. vers le XVe siècle que la nécessité s'est fait jour de choisir un «patron».

Avant cette époque, saint-Hubert, nous ne songeons pas à le contester, était honoré par les chasseurs du pays si giboyeux des ardennes, mais dans les autres contrées, sa grande popularité ne date que du XVe siècle, époque à laquelle il a effectivement été élu comme patron et protecteur des «Gildes», ou groupement de chasseurs, ainsi que nous tâcherons de le prouver dans les chapitres suivants.

II. — Interprétations artistiques des légendes.

Pendant des siècles, le cerf crucifère constituera le thème que les peintres et les graveurs — mais ces derniers surtout — s'efforceront de traduire en flattant autant que possible les goûts et les habitudes de ceux à qui leurs productions artistiques étaient destinées.

Signaler ces œuvres tout en mettant en évidence certains détails permettant de les mieux comprendre, et par conséquent de les mieux apprécier, voilà ce que nous allons tâcher de faire, à un moment où la célébration du XIIe anniversaire de la mort du Patron des Ardennes et des chasseurs, donne un intérêt plus grand encore à tout ce qui se rapporte, même indirectement, à sa glorieuse mémoire.

Commençons par les gravures :

Une des plus remarquables entre toutes, est certes celle de Jean Valdor (deuxième du nom) représentant les miracles de saint Hubert.

Le grand Evêque, fortement auréolé, trône au milieu de nuages. Il est porté au ciel par un cortège de charmants séraphins pendant que d'un large geste miséricordieux il bénit le groupe de ses fidèles.

Tout à l'avant plan, se voit un moribond, victime de la rage, s'apaiser en pleine crise ; à gauche, une malheureuse démente possédée du démon se sent brusquement délivrée ; et devant l'autel, un patient subit dévotement l'opération de la «taille». Grâce, au fil tiré de l'étole miraculeuse, l'opération l'imunisera contre toute atteinte de la rage, si justement redoutée à cette époque.

Toute cette scène terrifiante est largement éclairée, de haut, par l'éclatante lumière céleste, et de côté, par le jour venant librement de la campagne ardenaise, témoin de la conversion miraculeuse du noble chasseur.

De toutes les interprétations artistiques de cette légende, celle de Jean Valdor nous paraît la plus réussie parce que, la plus «vraie» tout en étant la plus discrète.

En la liant, si pieusement et si intimement, à la peur qu'inspirait, à cette époque de vive superstition, les possédés, et la contamination de la rage, l'artiste a produit un ensemble fort émouvant.

Cette image était donc bien faite pour éveiller et entretenir le pieux élan des pélerins auxquels elle était spécialement destinée.

Si par sa valeur artistique incontestable, elle se distingue hautement des autres images du même genre, si souvent sans cachet ou caractère, elle a encore un mérite documentaire fort précieux : C'est un clocher bien ardennais qui ferme l'horizon, et le chien à longues oreilles pendantes, se trouvant aux pieds du cerf, se sépare nettement des trois chiens courants qui l'accompagnent. C'est bien le petit limier ardennais avec lequel nous ferons plus ample connaissance dans le chapitre spécial que nous lui consacrerons. Quoique minuscule sur la gravure, tout dans son attitude, comme dans la place privilégiée entre le cerf et Hubert, lui donnée par Valdor, dénote bien le limier, le premier d'entre les chiens de vénerie, le noble, le beau, l'unique chien de St. Hubert, réellement digne du glorieux nom qu'il porte, et de la réputation conservée pendant des siècles. (1)

Ces chiens, très caractéristiques, vous les rencontrerez dans toutes les interprétations de la légende de la conversion.

---

(1) Cette gravure a été exposée au salon de l'Art Wallon à Anvers (1927). Le catalogue, avec préface d'Olympe Gilbert, échevin des Beaux Arts à Liège, donne les renseignements suivants sur l'auteur : « Jean Valdor (deuxième du nom) : La famille Valdor est une des plus anciennes familles de graveurs Liégeois, et coïncidence étrange, les trois Valdor dont nous possédons des œuvres se prénomment tous trois Jean. Le beau nom de Valdor s'inscrit glorieusement dans les annales de la gravure liégeoise ».

Les miracles de saint Hubert

Gravure de Jean Valdor (XVIIe siècle). *Musée de Liége*

Chez Joachim Patenir dont un magnifique paysage avec une minuscule conversion de saint Hubert, perdue dans une épaisse frondaison, a figuré à la dernière exposition rétrospective du Paysage Flamand. (Bruxelles 1927).

Chez Pisano, dont nous entretenait Henry Martin, de même que chez Nicolas de Bruyn, Jean Mostaert, Gaspard De Crayer, Théo. Van Loon, Jan Breughel, David Passavant, et tant d'autres qui ont interprété, soit la vie de saint Hubert, soit celle de saint Eustache.

Sur toutes ces toiles, vous retrouverez sous une couleur fauve foncée, le limier représenté par Jean Valdor sur l'image pieuse, citée plus haut. Partout ce chien est reconnaissable, non seulement aux formes et à l'attitude déjà décrites, mais encore à la place qu'il occupe entre les pieds du cheval, ou tout près du cerf.

Le limier, on le sait, est le plus méritant des chiens de la meute, c'est lui qui a «détourné» le cerf. Le veneur à qui il appartenait avait le grand privilège de faire «l'honneur du pied», au personnage le plus considérable participant à la chasse. (1)

Vous retrouverez encore ce même chien de saint Hubert, toujours dans la même attitude de limier, le nez et les oreilles contre terre, dans presque toutes les scènes ou épisodes de chasse : dans «le paysage d'hiver» de Breughel, où il occupe l'avant-plan, le nez à terre; dans la «Venus et Adonis» de P. P. Rubens, où il frôle le délicieux petit ange s'accrochant à Adonis, dans le «Retour de la Chasse» de Jan Wilders. Vous le découvrerez aussi dans presque toutes les tapisseries Bruxelloises et autres, parmi lesquelles celles dites : *Les Belles Chasses de Maximilien* (2) occupent de loin la première place.

Nous ne connaissons que deux exceptions à cette règle : le tableau de Maud Earl de la *National Galery* à Londres, peint vers 1907, et la gravure bien connue de A. Dürer, (1471-1528) ayant tous deux pour sujet la légende du cerf crucifère.

Au lieu du traditionnel limier à longues oreilles, Maud Earl a donné comme compagnons à saint Hubert, des *deerhounds* (lévriers à poils durs) et A. Dürer, des... bracques tachetés allemands (*gefleckte Bracken*).

Pour ce qui concerne les deerhounds, nous savons, par une obligeante note du comte H. de Bylandt, l'auteur bien connu des «*Races de Chiens*» que l'excellent tableau de Maud Earl a été peint à Argenteau, chez la princesse de Montiglyon et que c'est M. Henri Baillet de

---

(1) ... *quand le cerf sera pris, tous les Veneurs et piqueurs, qui là seront doivent hucher et sonner la mort, afin de faire assembler les compagnons de la Venerie, et les chiens. Eux estans assemblez, et que le Roy ou maistre sera arrivé, feront fouler le cerf aux chiens : ce fait : les doivent recompter, puis le Veneur qui l'aura destourné, doit prendre son cousteau, et lever le pied droit, lequel il présentera au Roy, en la sorte qu'il est icy pourtraict.* «La Venerie» par Jacques Doufouilloux. Angers 1844 (Réédition).

(2) Elles sont reproduites dans la description de Sander Pierron et d'Albert Houtart. Editions de «*Chasse et Pêche*». Bruxelles 1923.

Conversion de saint Eustache

par Albert Dürer (1471-1528)

Kupfertichkabinet — Berlin

Villenaux qui a fourni les chiens pris comme modèle. Il est évident que, si l'artiste a rompu avec la tradition, en substituant des deerhounds à des limiers, c'est parce que, étant de nationalité anglaise, elle a voulu glorifier le chien national par excellence, qu'est l'antique deerhound employé, comme son nom l'indique, à la chasse aux daims.

C'est également un sentiment très compréhensible qui a poussé l'allemand A. Dürer à donner la préférence à des «*gefleckte Bracken.*»

Dans sa gravure si parlante par son habile disposition sur une coline pittoresque dominée par un «Schloss» moyenageux, il a placé à l'avant-plan un groupe de cinq chiens, dont deux lévriers, et trois «*gefleckte Bracken*».

L'artiste a étudié de près cette race allemande de chiens courants, proches parents des limiers proprement dits. Il en fit notamment une étude avant de composer sa légende de la conversion. La preuve en est fournie par une autre gravure allemande intitulée : «Groupe de Chiens de Chasse» et représentant, pêle mêle, deux «Gefleckte Bracken» et des lévriers, gravure composée, dit le texte, par Vergil Colis (1) au moyen des études de Dürer (*Dürer'sche Vorbilder - Berlin - Kupferstichkabinet B. 393*).

Ce sont ces deux mêmes «*gefleckte Bracken*» de Vergil Colis, qu'on retrouve, dans une attitude de repos, à l'avant-plan de la grande gravure de Dürer. Détail à noter : c'est sous la désignation de «Conversion de saint Hubert» qu'elle est comprise, sous le numéro 768, dans le recueil classique de Eugeen Diederich. Il existe donc une contradiction évidente entre cette attribution à saint Hubert et les citations, pourtant précises, de Henry Martin et de A. Schwappach, qui sont d'accord pour dire que A. Dürer a entendu représenter la conversion de saint Eustache. Nous ajouterons, que cette gravure est cataloguée, B. 57 de la «*Kupferstichkabinet*» de Berlin.

* * *

Si nous avons donné ces détails cynologiques, c'est uniquement pour justifier, en partie, notre classement des innombrables gravures représentant la conversion de l'Apôtre des Ardennes.

Là où les chiens sont très sobrement ou négligemment traités, vous pouvez être certain de vous trouver en présence d'images pieuses, composées uniquement pour être distribuées ou vendues aux membres des si nombreuses confréries (en flamand : *Broederschappen*) de saint Hubert. Elles paraissent avoir précédé celles que les corporations de saint Hubert faisaient imprimer pour être offertes aux «confrères» le jour de la messe anniversaire «de Requiem». Il en sera parlé en détail plus loin.

Moyennant un droit minime, les pélerins ou les paroissiens pou-

(1) *Deutsches Leben der Vergangenheit in Bildern.* Edité par Diederichs. Jeune 1908 tome I page 233 fig. 780.

vaient se faire inscrire dans ces confréries, de nature exclusivement religieuse. Elles se distinguaient des corporations par le fait qu'il n'existait aucun lien professionnel ou social entre les membres des confré-

Conversion de saint Hubert
Image pour pélerins, par Jean Wierix (1549- ?)
Collection Musée Plantin, Anvers.

ries ; y entrait qui voulait. Les images dans le genre de celle signée Jean W. Wierix, étaient délivrées par le sacristain de l'église au moment de l'inscription dans la confrérie. On pouvait aussi s'en procurer dans les échoppes établies autour des églises, à l'occasion des pélerinages vers les lieux plus spécialement connus pour avoir été témoin des interventions miraculeuses de saint Hubert. La caractéristique de ces images pieuses, est que Hubert y paraît souvent la tête auréolée ou nimbée. Le Christ crucifère placé entre les cornes du cerf, est également fortement éclairé. D'autre fois le saint apparait debout en Evêque et la légende du cerf est à peine esquissée à l'arrière-plan.

Dans la belle collection de Emile H. Van Heurck, nous avons pu admirer une série de ce genre d'images : une petite de C. Galle (1576-1650) une grande, trés belle, signée «Bisschop», portant dans un coin l'église de Buysinghen (Brabant) ainsi que la légende flamande suivante :

Tragt gy de genesing t' haelen, in raserny, ander qualen tree dnaer Buysing in uw pyn, sal uw hulp sint Huybrecht zyn.

C'est-à-dire, si vous désirez obtenir la guérison de la rage ou d'autres maux, allez à Buysing, dans vos douleurs saint Hubert sera votre secours.

Une autre gravure du même genre, mais d'un cachet moins artistique et sans signature d'auteur, provient de l'église de Borsbeeck (Anvers). Elle paraît dater, comme la précédente, du XVIIe siècle.

Une autre gravure de la même collection et du même genre pieux, mais plus naïve que les précédentes, représente toute un panorama de la Flandre Occidentale, comprenant au fond, du côté de la mer, le clocher du petit village de Meetkerke, et ensuite, vers St. Pierre-lez-Bruges, une belle petite chapelle, consacrée à saint Hubert, puis un moulin et des bâtiments ruraux dénommés «*Kerremelckhuys*» (1) et «*de Clippe*» sur le chemin, des paysans conduisent une bête à cornes vers un prêtre bénissant un pénitent agenouillé. A droite, aux pieds du grand Evêque, dominant toute la contrée, est représenté la scène traditionnelle de la conversion.

Une inscription rimée expose le but de la confrérie, en même temps que la destination très originale de cette image, malheureusement d'une impression trop vague pour être reproduite ici. Nous nous bornons à donner la traduction libre des trois strophes :

Si vovs êtes mordu par un chien enragé,
ou blessé par une bête en furie,
venez à l'instant vers saint Hubert,
vénérez-le du plus profond de votre cœur,
et proclamez hautement ses louanges,
immédiatement vous serez guéri.
Conduisez ces bêtes par le collier,
le prêtre les bénira de la main,
et les brûlera avec la trompe de saint Hubert :

---

(1) Karnemelkhuis ? sans doute — laiterie ?

il est fêté dans le pays de Flandre,
à Saint Pierre du côté de Bruges,
sa chapelle est établie.
Soyez généreux en donnant l'offrande
pour l'entretien de la chapelle,
saint Hubert dont le portrait se trouve ici,
vous protègera efficacement partout
et vous préservera contre tous les maux;
inscrivez-vous dans sa confrérie
et payez annuellement votre rétribution.
Si une maladie vous tourmente,
placez-lui cette image sous les yeux,
elle vaut pour quittance.

Toute cette naïve imagerie populaire, dont nous abrégeons l'énumération à regret, était encore complétée par les si décoratifs drapelets (1) destinés à orner les voitures des pélerins.

*
* *

Il est facile à comprendre, que pour les croyants appartenant, soit à la noblesse d'origine, soit à la «noblesse d'argent» représentée dans les grandes villes par les corporations, les vulgaires «confréries» si ouvertes à tout le monde, ne devaient pas présenter grand attrait. Pour l'aristocratie, le culte de saint Hubert devait nécessairement — dans ses manifestations publiques tout au moins — revêtir une forme mieux en rapport avec les goûts de faste et de décorum, si caractéristiques à cette époque.

C'est à ce réel besoin de «mise en scène» dans les fêtes, tant religieuses que profanes, besoin encore avivé par une foi ardente, que nous sommes redevables de la grande majorité des œuvres d'art, ornant les chapelles des confréries. De même, nous devons à l'émulation artistique régnant entre les différentes confréries, la création d'une catégorie de gravures qu'on nommait généralement images d'offrande, en flamand «*offerande-beeldekens*». Elles ont un autre aspect que les images pieuses, dont nous venons de parler. Comme leur nom l'indique, ces images étaient remises aux fidèles, qui assistaient à l'offrande le jour de la messe anniversaire obligatoire, chantée dans la chapelle de la «gilde» de saint Hubert, à l'intention des chers «confrères» défunts.

Ces gildes étaient des groupements très fermés et des stipulations très rigoureuses limitaient étroitement le nombre des membres.

Les membres de ces «cercles privés», dirait-on actuellement, appartenaient à la haute bourgeoisie, milieu dans lequel la chasse, comme

(1) Voir à ce sujet *Les Drapelets de Pèlerinage*, par Emile H. van Heurck, Anvers.

Conversion de Saint Hubert

Image d'offrande, par Jérôme Wierix (1553-1619)

Collection Musée Plantin. Anvers.

déjà dit, était en grand honneur. Il résulte de là, que les artistes chargés d'exécuter les images d'offrande donnaient une importance prédominante à l'aspect «chasse» de la légende interprêtée.

Jérôme Wierix (1) s'est même tellement inspiré de cette donnée, qu'après avoir placé quatre chiens et un cheval à l'avant-plan de sa gravure, il trouve encore le moyen d'y ajouter un faucon, et de l'installer bien à la droite du saint. Il y a plus : en dehors de l'épieu de chasse, de l'épée et du cor traditionnel, l'artiste, ne voulant oublier aucun détail, a fixé à la ceinture du chasseur, la laisse, ou «traict», servant à conduire les limiers.

Je suis Veneur, qui me leve matin,
Prens ma bouteille, et l'emplis de bon vin,
Beuvant deux coups en toute dilligence,
Pour cheminer en plus grande asseurance.
Mettant le traict au col de mon Limier,
Pour aux forests le Cerf aller cercher :
Et en questant aux cernes des gaignages
Souvent entends des oyseaux les ramages.
Tenant mon Chien, je pren fort grand plaisir,
Quand je cognais que du Cerf a désir...

chante le joyeux du Fouilloux. (2)

Admirons en passant le paysage que nous montre Wierix. Il se modernise et s'élargit considérablement. On est déjà loin du paysage, étagé à l'excès, de Dürer.

L'inscription portée sur la gravure de Wierix nous éloigne aussi de l'habituelle image des «*Broederschappen*». Au lieu d'une prière, c'est un jeu de mots sur le verbe latin «prendre» qui sert de thème :

«*Hubert parcourant les champs pour la chasse et tendant les filets pour la prise, fut lui-même pris.*»

Hubert est donc pris dans les filets du Seigneur, comme le cerf fut pris dans les «rets». Jeu de mots facilement compréhensible pour les chasseurs : Le cerf mis en scène par du Fouilloux ne dit-il pas dans sa complainte :

Si pour sauver des Chiens ma vie fugitive
A l'homme je me rends, et de mon gré le suive :
Pourquoy, luy apprens-tu, avec mille instrumens,
Tendre toiles et rets, pour me mettre dedans ?
Pourquoy l'enseigne tu ? est ce à fin qu'il me prenne,
Ou pour soudain mourir dans les rets il me mene ? (2)

(1) Wierix (Jérome) naquit à Anvers en 1553, fut reçut maître dans la corporation de saint Luc en 1572. Il mourut le 1 nov. 1619. Dans son *Manuel de l'Amateur d'Estampes*, Ch. Le Blanc cite encore d'autres gravures de Wierix, représentant saint Hubert ainsi qu'une tentation de saint Antoine d'après M. De Vos.

(2) *Traité de Vénerie*, p. 25, déjà cité.

Auxilium fer Huberte pater, tua Belgica ſupplex Opprimitur varijs undique terra malis

Conversion de Saint Hubert

Image d'offrande, par P. Van der Borcht (1545-?)

Collection Musée Plantin. Anvers.

La composition du malinois Peeter van der Borcht (1), gravée par Goltzius, paraît également être une image d'offrande.

En supprimant le cheval, tout en conservant des éperons au noble chasseur, l'auteur a certainement voulu dégager l'avant-plan, afin de donner plus d'ampleur au paysage. On y reconnaît aisément le cours d'une rivière se frayant un passage difficile à travers un pays faiblement montagneux et très habité. Serait-ce une vallée mosane? En y regardant de plus près, on découvre dans le bas, un château en style renaissance, entouré d'une eau tranquille ménageant une honnête distraction à un très paisible pêcheur à la ligne.

La citation latine implorant la protection divine pour le Belgique entière est à noter, en passant.

Le cerf est magnifiquement campé. En se retournant, il est tombé en arrêt devant saint Hubert, qui en est comme pétrifié.

Le limier, signalons le encore, occupe comme d'habitude, la place d'honneur, la plus rapprochée du cerf miraculeux. L'attitude : nez contre terre, est bien celle du limier.

Pour finir la série des gravures, nous signalerons encore une production assez originale, d'un anonyme, cataloguée, sous le numéro 2662, du *Kupferstichsammlung* de Vienne, comme étant une gravure en métal, de 1470 environ, provenant de la région du Bas-rhin. (*Niederrheinischer Metaelschnitt*). (2)

C'est l'unique gravure, à notre connaissance, sur laquelle saint Hubert est représenté à la chasse accompagné d'une dame. La tradition voulant que saint Hubert était marié au moment de sa conversion, la présence d'une compagne est parfaitement justifiée.

Les deux types de chiens (limier et lévrier) sont de nouveau représentés dans l'ordre de préférence en rapport avec les règles et usages de la Vénerie.

Nous ne sommes pas parvenus à découvrir la preuve que toutes les gravures que nous venons de ranger dans la catégorie des «images d'offrande» ont réellement été faites à la demande de certaines confréries de saint Hubert, mais la chose ne paraît pas douteuse s'il est admis, en cette matière, de conclure par comparaison. Nous lisons, en effet, dans les comptes de la *Sint-Huybrechtsgilde*, fondée à Anvers, en 1518, qu'en l'année 1773, il a été payé 18 florins 2 sols, à un nommé Fruytiers, pour avoir retouché la plaque et imprimé les images. (En 1759 il avait déjà été payé 17 florins 17 sols pour renouveler des estampes pour la confrérie).

Serait-ce Fruytiers (Louis-Joseph) né à Malines le 21 février 1713 et décédé à Anvers le 22 février 1782 ? Nous ne pourrions le dire, au-

(1) Peeter van der Borcht naquit à Malines en 1545, se fixa à Anvers en 1572 et devint doyen de la corporation de saint Luc en 1591. Il était élève de P. Breugel et a beaucoup travaillé pour Plantin.

(2) Voir p. 229, vol. I de la publication de E. Diederichs. Jena. 1908.

Conversion de Saint Hubert
Image pour pélerins

Auteur inconnu. Ecole bas-allemande (vers 1470)
Kupfertichsammlung. Vienne.

cune image de ce graveur n'ayant pu être découverte dans les archives pourtant bien conservées de l'église Notre-Dame, à Anvers, où la confrérie était établie.

D'autres comptes, ceux des années 1790 et 1793, donnent heureusement plus de précisions au sujet d'une autre gravure, complètement identifiée celle-là, et représentant la conversion de saint Hubert. Elle est reproduite en tête de l'historique de la confrérie, (1) mais comme elle n'est, à quelques variantes près, qu'une copie de celle de A. Dürer, nous avons jugé inutile de la reprendre encore ici.

Le graveur J. J. Smits, reçut, le 19 octobre 1790, «pour la gravure d'une planche pour faire des images» 35 florins et «pour les images 7 florins». La quantité n'est pas indiquée, mais en 1792, on se sert de la même planche pour faire confectionner une provision de onze cents images, qu'on paye sept florins, quatorze sols, et qui ont un tel succès, que l'année suivante on devait déjà en commander d'autres.

L'usage de distribuer des images d'offrande existait du reste dans d'autres confréries : c'est ainsi que dans l'*Histoire de la Gravure en Belgique*, Ben Linnig cite parmi les œuvres de Pinxen (Pierre van) (1702-1780) «saint Sévère, image d'offrande pour les membres de la corporation des tisserands, à Anvers, au service annuel, qui se célébrait à l'église St-Jacques, le 22 octobre, etc.»

*
* *

En plus de ces images d'offrande, la *Sint Huybrechtsgilde* d'Anvers, distribuait le jour de la messe anniversaire, des cornets et des bagues en argent, et même en or.

Cet usage paraît avoir été introduit à Anvers par le comte de Baillet. On restitue en effet en 1766, en deux fois, 94 florins 10 sols, et 72 florins 5 sols 3/4 en remboursement du prix payé pour les «*ringen en horentjes*», rapportés sans doute d'un pélerinage à l'église de Saint Hubert. Depuis cette date, les comptes indiquent presque annuellement des dépenses et des recettes, relatives à l'achat à Saint-Hubert-en-Ardennes des mêmes objets, et à leur vente à Anvers.

Il résulte en outre d'une résolution en date du 3 novembre 1753, que le port de ces cornets était imposé, sous peine d'amende, quand les «confréries» assistaient à la messe anniversaire et au banquet de la saint Hubert. (2)

La même année on porte en compte 4 florins, «pour le ruban du cornet», ce qui indique bien que ces bijoux étaient portés suspendus au cou, comme une décoration ou insigne.

Il paraît certain qu'en allant en pélerinage à saint Hubert en Ardennes, le comte de Baillet y aura vu l'insigne que portaient les mem-

(1) par Edm. Geudens, op. cit.

(2) *op den 3 November 1753 is geresolveert door de heeren confrers dat alle de selve Heeren sullen geauden en wesen op de breucken van twee schellingen te compareren met hunne horrentiens op den dag van de Heylige Hubertus in de messe ende aen de taffel als ook in de misse van requiem welke breuck de zelf sal wesen voor den dienende deken ende resteren de elft voor de omcoste ende besorgen der horrentiens der Heeren aancomende confrers. Geteeken: B*on *de Villegas, chevalier, in de qualiteit als dienende deken.*

bres d'un ordre noble plus ancien que les «Gilden» ou confréries de corporations, fondées plus tard sous le vocable de saint Hubert, notamment à Anvers, Gand, Courtrai, Louvain et Malines.

Avant de parler en détail de ces «Gildes» et d'exposer le caractère propre de chacune d'elles, il paraît indispensable d'expliquer le mode de recrutement et de fonctionnement de l'association, qui semble avoir été prise comme modèle ou exemple par ces «gildes» beaucoup moins anciennes.

DEUXIÈME PARTIE.

I. — L'ordre noble de Saint Hubert de Lorraine et du Barrois.

Statuts. — Les statuts de cet ordre furent réimprimés à Paris, chez J. Gratiat, imprimeur de la maison du Roi. Une copie en est détenue par M. l'abbé J. Schméler, curé doyen de saint Hubert, qui a bien voulu nous autoriser à en prendre des extraits.

Cet espèce de Grand Livre est précédé d'une «notice historique» composée, dit le texte, d'après les titres originaux conservés dans les archives de l'ordre.

On y lit que l'ordre chapitral de saint Hubert a été créé par les principaux seigneurs du duché de Bar, réunis à Bar-le-Duc, au nombre de quarante cinq, et assemblés solennellement le dernier jour du mois de mai de l'an 1416, en présence de leur souverain Louis, Cardinal, Duc de Bar, Marquis de Pont, Seigneur de Cassel.

Ces statuts ont été renouvelés en 1594, 1714, 1783 et 1816.

L'ordre chapitral de saint Hubert, qui se nommait d'abord «*l'Ordre de la Fidélité*», était, au début, un véritable ordre militaire, caractérisé par l'obligation, contractée sous serment, de prendre les armes pour la défense du souverain.

Conditions d'admission. — Pour être admis en qualité de chevalier de l'ordre, les candidats devaient faire preuve :

1°) de religion Catholique, Apostolique et Romain,

2°) de vingt ans d'âge,

3°) de bonne vie et mœurs pures,

4°) de quatre degrés de noblesse paternelle, le récipiandaire non compris,

5°) du versement d'une dotation de six mille francs (1).

L'article VII des statuts ajoute : «que les preuves pour la religion, vie, mœurs et âge, se feront toujours par l'intermédiaire de l'Evêque du diocèse où le candidat a fixé sa résidence. A cet effet, le chancelier de

(1) Par décision du 27 avril 1816, le Grand Maître de l'ordre porta cette dotation à dix mille francs.

l'ordre adressera une requête au susdit Prélat, par laquelle il sera prié d'informer diligemment de la religion, vie et mœurs du dénommé. Cette demande sera scellée du grand sceau de l'ordre et la dite information sera envoyée, close et scellée en mains du chancelier.

Patron et Insigne de l'ordre. — L'ordre prit pour patron saint Hubert. C'est le jour de la fête de saint Georges, de l'an 1422, que cette décision solennelle fut prise et elle sera maintenue, complète la Notice Historique, à perpétuité.

Par cette même délibération on décida qu'au lieu d'un levrier blanc ayant au cou un collier d'or avec l'inscription : «*Tout ung*», les membres porteraient à l'avenir, comme insigne, une croix suspendue à une chaîne en or (1).

Croix de l'ordre de saint Hubert de 1444.

En mémoire de leur première décoration ils instituèrent une chasse aux lévriers, qui, depuis cette époque, jusqu'en 1789, n'a cessé de se faire annuellement, la veille et le jour de la fête du grand patron saint Hubert (3 novembre).

(1) Dans une étude parue dans la *Revue belge de numismatique et de sigillographie de 1925 sur le sceau de la Famille de saint Hubert.* J. Vannerius donne les renseignements complémentaires suivant sur les insignes de l'ordre : Désormais décident les chevaliers, la compagnie sera mise « soubs l'invocation de Monsieur saint Hubert et au lieu du levrier nous porterons au bas du collier ung imaige d'or du dict saint pendant sur la poit-ine et ung pareil image brodez sur nos habillements ». — (Actes de 1416 et 1422 reproduits dans les chroniques de saint Hubert par Jeautin. Nancy 1866.)

Le chapitre IV des statuts de 1517 est consacré aux particularités relatives à cette chasse, on sait — nous copions toujours la notice — que dans ce temps, le privilège de la chasse était le plus beau témoignage de la faveur du Prince. Pour être reçu dans l'ordre, ce qui ne pouvait se faire que par le Grand-Maître et avec l'agrément du Prince règnant, il fallait être Prince, Duc, Marquis, Comte, Vicomte, Baron ou issu d'ancienne chevalerie et s'être distingué par des services ou belles actions.

L'ordre depuis 1422 à 1816. — A sa création, le chef de l'ordre avait le titre de Roi, depuis 1422, celui de Grand Veneur et on en faisait l'élection chaque année. Mais depuis 1619, on lui donne le nom de Grand Maître et par les statuts de 1783 il a été rendu inamovible de même que le Grand Officier de l'ordre.

Le Roi Louis XIV par ses lettres de prise de possession de ses nouveaux Etats, en 1738, conserva aux Chevaliers de l'ordre tous les privilèges dont ils avaient joui jusqu'alors.

A l'époque de la Révolution, l'ordre fut aboli en France, mais pour cela il ne cessa pas d'exister. M. le baron de Crolleois de Seewald, ministre des Cours de Trèves et de Nassau, fut nommé Commissaire général plénipotentiaire ; il établit le chef-lieu de l'ordre à Francfort et le mit sous la protection de plusieurs princes d'Allemagne.

En 1815, l'ordre a été réorganisé conformément aux statuts. M. le comte de la Morre fut d'abord nommé administrateur plénipotentiaire, puis élu Grand Maître par intérim, à l'assemblée chapitrale du 21 novembre. Il ne cessa d'administrer l'ordre qu'après l'installation du Grand Maître définitif.

Au mois de mars 1816, le Roi reconut l'Ordre sur le rapport de M. le Comte de Vaublanc, alors Ministre de l'Intérieur. A cette même époque M. le Duc d'Aumont a été élu Grand Maître. Il a prêté serment le 17 avril. La "note historique" finit par la mention que le comte de Vaublanc conserva l'administration de l'ordre concurrement avec le "chapitre".

Les aumôniers de l'ordre. — D'après les statuts, l'ordre noble comprenait un aumônier qui était l'abbé de saint Hubert.

On comprendra que les abbés tenaient énormément à ces fonctions, qui les mettaient si directement en relation avec les puissants de l'époque. S'il faut en croire le rédacteur des «*Délices du Païs de Liège*» cette charge d'aumônier a failli être abolie plusieurs fois, mais l'abbé Jean Philippe de Jong *s'est donné les mouvements nécessaires pour récupérer un si beau titre,* et il obtint, le 20 juillet 1720, de l'Electeur Palatin les patentes le confirmant dans sa charge. (1)

(1) Les *Delices du Païs de Liège.* Edition 1744. Tome III p. 24 à 28.

Admission dans l'ordre. — Cérémonial religieux. — Ce sera le moment de dire comment, d'après les statuts, était règlé le cérémonial religieux accompagnant la réception d'un nouveau membre de l'ordre : d'après un antique usage, précise la notice historique, le candidat doit faire dire, à ses frais, une messe à son intention. En entrant à l'église, il ira se placer dans le banc le plus rapproché de l'autel et pendant que Monsieur l'aumônier ira se recouvrir de ses habits sacerdotaux, le futur chevalier devra déposer sur l'autel, pour y être bénie, la Croix de l'ordre de Saint Hubert garnie de sa chaîne d'or qui la sussuspend au col.

Ensuite il entendra la Sainte Messe avec recueillement, dans l'attitude du pélerin.

Caractère international de l'ordre. — Par la suite, cet ordre devint international, ses membres étant recrutés parmi les plus beaux noms de l'armorial de toute l'Europe.

Aussi le Grand Livre de réception confié à la garde du doyen de Saint-Hubert, n'était-il qu'un double signé «Pour ampliation» par le commandant général et secrétaire perpétuel, le comte Garden de Saint-Ange, qui signait, en 1817, à la suite du Grand Maître, le Duc d'Aumont. Ce livre original était sans doute tenu par le secrétaire perpétuel.

A cause des évènements politiques, qui troublèrent si souvent et si profondément l'Europe, aux XVIIe et XVIIIe siècles, la réception religieuse des Chevaliers de saint Hubert semble avoir parfois suivi d'assez loin leur entrée dans l'ordre ; ce qui était pourtant en opposition avec les statuts analysés plus haut. Dans cette hypothèse, on s'explique la prescription suivante qne nous avons trouvée dans le livre : »Ses membres de l'ordre, dont les noms ne figurent pas au présent registre et qui néanmoins se présenteraient à Monsieur l'Aumônier pour se faire recevoir religieusement dans l'ordre du saint Patron, saint Hubert, exhiberont au préalable à Monsieur l'Aumônier leur titre d'admission dans l'ordre, soit diplôme, brévet, certificat ou lettre d'avis, soit tout autre titre régulier et authentique, pour être par Monsieur l'Aumônier inscrit tout entier et transcrit littéralement sur le présent registre».

«Avant de procéder à la réception, tous les frais, faux frais, de transcription, de régularisation, délivrance de certificat etc., restent et demeurent à la charge du récipiandaire.

Glissons sur les frais, et surtout sur les faux frais, et copions, au hasard, à l'intention du lecteur curieux, quelques uns des noms repris à

l'Etat nominatif des
Grand Croix, commandeurs, chevaliers et officiers d'armes de
l'ordre noble de Saint Hubert de Lorraine :

François II, Empereur d'Allemagne,
Louis XVIII, roi de France et de Navare,

Le Roi de Bavière,
Le comte de La Morre,
Son Excellence le Duc d'Aumont,

Messire François Le Prieur, vicomte de Roquemont Saupret, maréchal des camps et armées du Roi, ancien commandant en chef de l'artillerie de l'armée Royale en Belgique. Titre assez ronflant, mais suivi d'une qualité plus intéressante, en l'occurence, celle de : capitaine conservateur des chasses de son altesse Royale,

Monsieur Frère, du Roi de France,

Le chevalier de Mecquenen, sous-préfet de Vouziers, ancien secrétaire général de la préfecture du Département des Ardennes.

Après les noms des plus grands monarques de l'Europe et de toute la catholicité universelle, viennent, pour finir, les noms du Grand Veneur : Gauthier de Dun, attaché à la Louveterie Royale du Département des Ardennes, comme chef d'une brigade de l'arrondissement de Vouziers. Et comme courrier de l'ordre : Barbier d'Estaphe (Pierre Jacques), ancien chef de convoi militaire, major général de la Division d'Expédition en Morée, sous les ordres de M. le lieutenant Général comte Maison, décoré de l'ordre du Sauveur, etc. etc.

L'acte suivant clot définitivement cet intéressant Livre d'or :

« La présente série de l'ordre de saint Hubert de Lorraine a été close et arrêtée par nous soussigné, sur l'imposition de monsieur le Président du Grand Conseil (ne variatur) le vingt troisième jour du Solstice d'été de l'an quatre cent trentrois de l'Institution de l'ordre susnommé, au chef lieu et séance tenante... (1)

P[r] le secrétaire général absent :
Le secrétaire chargé de l'Intérim,
comte Henry de Bommerval.

Etait-ce un ordre de chasseurs ? — Les statuts ne le disaient pas explicitement, comme c'était le cas par exemple pour la Confrérie de saint Hubert de Louvain, dont nous parlerons plus loin, mais en fait, tous les membres de l'ordre pratiquaient la chasse et principalement, si pas exclusivement, la chasse à courre. «Chevalerie» et «Vénerie» étaient deux choses si étroitement liées, que l'un ne se concevait pas sans l'autre.

Ne voit-on pas Maximilien d'Autriche, ce grand chasseur entre tous, encourager son fils, devenu plus tard Charles Quint, quand, à l'âge de neuf ans, il fait preuve de connaissances approfondies dans le noble art de la Vénerie ?

(1) L'ordre ayant été fondé, d'après la notice, en 1422, l'acte de clôture se placerait en 1855 ?

Nous fumes bien joyeux, écrit l'empereur Maximilien dans une lettre qu'il adresse d'Augsbourg, en février 1509, à sa fille Marguerite, Gouvernante des Pays-Bas : «*que nostre filz Charles prenne tant plaisir à la chasse, aultrement on pourra pensé qu'il fust bastart....* » (1)

Il ressort au surplus clairement des statuts de l'ordre de saint Hubert, que Edouard Fétis, conservateur-adjoint de la Bibliothèque Royale (2) a publié à l'appui de sa *Légende de saint Hubert*, statuts qui paraissent antérieurs à ceux analysés ci-dessus, que les membres de l'ordre étaient tous de fervents chasseurs, ...«*chacun veillera, disent ces statuts, à la veille de la feste du glorieux sainct Hubert, et la solemnisera sur peine de trois albres de Coloigne au profit de la confrérie. Et lendemain tous ceux de l'ordre se trouveront à la grande messe instituée à l'honneur dudit sainct, et disneront ce jour ensemble (n'empeschat la maladie ou l'esloignement de dix journées de chemin de leur résidence) et fera chacun à son tour annuellement le banquet...*»

Si les joyeux disciples font ainsi jusque des «dix jours de chemin» pour se rencontrer annuellement, la veille et le jour même de la fête du grand Patron, c'est, que la partie de chasse de l'année précédente, et le banquet qui la clôturait, ont laissé chez tous les participants le plus agréable des souvenirs.

(1) A. E. Galesloot. *Recherches historiques sur la Maison de chasse des Ducs de Brabant*. Bruxelles et Leipzig, 1854.

(2) Bruxelles 1846, A. Jamar, Editeurs.

La maison de chasse des abbés de Saint Hubert

Il ne semble pas douteux que les abbés de St. Hubert participaient à ces chasses. Leur résidence de Bure, à deux lieus de St. Hubert, semble avoir été installée autant pour leur faciliter le «noble déduict», que pour leur servir de maison de repos.

«La chasse y est belle, et la pêche abondante,» écrit très discrètement Saumery, l'auteur des «*Délices du Païs de Liège*» et comme il ajoute que les forêts appartenant à la très riche abbaye s'étendaient à «vingt-cinq lieus de circuit», nous concevons aisément que les hôtes princiers s'y attardaient volontiers. Les magnifiques présents qu'ils offrirent, à plus d'une occasion à l'église de St. Hubert (1) s'ils témoignent hautement des sentiments pieux des donateurs, prouvent aussi, que la reconnaissance pour l'hospitalité reçue, et pour les parties de chasse organisées à cette occasion, n'était pas toujours un vain mot dans le langage des Cours.

Il est à supposer que les membres de l'ordre de saint Hubert, qui étaient tous de fervents chasseurs, auront préféré séjourner à Bure, au milieu de la belle chasse dont parle Saumery, que de rester à l'abbaye même, à saint Hubert.

Que le château était approprié pour recevoir et retenir des invités de marque, il ne faut pas en douter quand on voit la belle représentation qu'en a donné Remacle Le Loup, et la description détaillée suivante puisée, en partie, dans les archives de la Commission Royale des Monuments et des Sîtes.

Le château ferme de Bure est une ancienne résidence des abbés de St. Hubert, qui étaient Seigneur de l'endroit depuis 1440 (2). L'ensemble bâti en calcaire du pays dessine un vaste quadrilatère flanqué de quatre tours d'angle; un fossé, en partie comblé, le cerne de toute part.

On pénètre dans la résidence abbatiale par un perron à double palier qui était orné, du temps de Saumery, de rampes de fer, délicatement travaillées. L'entrée franchie, on se trouve dans un hall que garnit l'escalier, dont la double volée s'adosse aux murs de réfend. Les premières marches sont en pierre, les autres en chêne; il a de l'allure, malgré son aspect, un peu lourd et sa raideur de ligne, que corrige la silhouette en fer forgé, dont-le dessin, de style Louis XIV, s'agrémente de masques grottesques d'un curieux effet.

Les «*Délices du Pais de Liège*» content la beauté de l'intérieur et

---

(1) L'auteur des *Délices du Païs de Liège* cite notamment parmi les objets existant, en 1744, dans le trésor de l'abbaye : « un coffre en or donné, en 1549, par Diane de Daumartin, Marquise d'Autriche. Un calice d'or et un texte des Evangiles, présent de Louis le Débonnaire. Un magnifique Psautier écrit en lettres d'or, offert par l'Empereur Lothaire. Quatre couronnes Impériales et plusieurs bijoux dignes des Princes qui en ont fait don ».

(2) Une des ailes du bâtiment datait de 1257, comme le montrent encore les chiffres sur l'angle gauche du bâtiment reconstruit en 1732 (côté de la ferme).

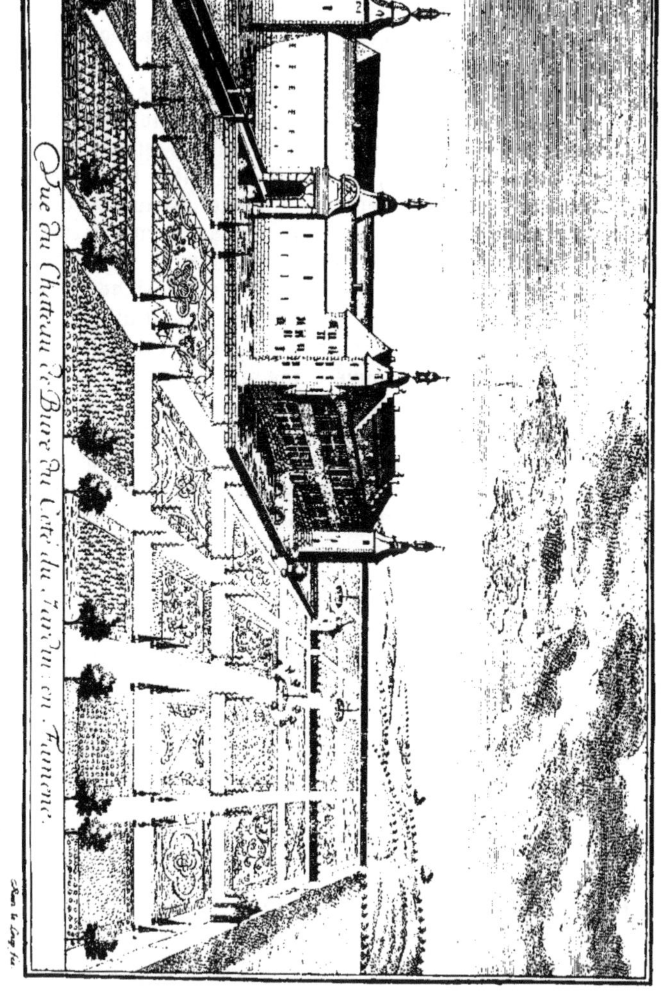

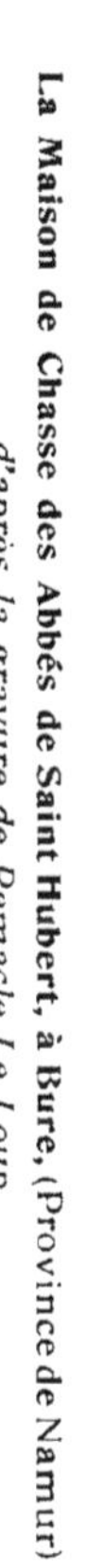

La Maison de Chasse des Abbés de Saint Hubert, à Bure, (Province de Namur)
d'après la gravure de Remacle Le Loup

surtout la richesse de la magnificence du mobilier qui l'ornait. Le mobilier n'existe plus, mais le décor est presque intact et constitue un ensemble d'un grand intérêt : les lambris de chêne, les chambranles et les cheminées de marbre, les taques de fonte sont de précieux éléments pour la connaissance de l'art ornemental au début du XVIIIe siècle. (Sur un des chapiteaux des portes on relève le milésime 1732).

L'étage répète la distribution du rez-de-chaussée. Le corridor est éclairé aux deux extrémités par des portes-fenêtres, à balcon, en fer forgé, d'où la vue, dit Saumery, est très agréable.

Les pièces principales communiquent avec l'antichambre, pareille à celle du bas.

C'est dans la chambre à gauche que se trouve le plus beau décor du logis abbatial. Une des parois est entièrement lambrisée de chêne : deux portes à double battant y encadrent une cheminée.

La sculpture des portes, de style Louis XIV, est remarquable par la grâce du dessin et la douceur du relief; le ciseau de l'ornemaniste a taillé en plein bois des arabesques d'un goût charmant, auxquelles on ne pourrait reprocher qu'un peu de sécheresse.

A chaque instant la description insiste sur la richesse des marbres. Si les matériaux rares ont été si généreusement utilisés dans la construction de la résidence abbatiale de Bure, c'est grâce au voisinage immédiat de carrières. On trouve à une portée de fusil, précise Saumery «une rivière très poissonneuse et qui fait tourner un moulin propre à scier et à polir le beau marbre, que l'on tire de plusieurs carrières ouvertes à Bure, terre qui appartient aussi à l'Abbaïe de St. Hubert » Ces beaux marbres étaient surtout employés à l'encadrement des portes et à la construction de cheminées de style, portant dans le fond d'admirables taques.

Sur ces taques étaient représentées les armoiries des abbés ayant présidé à la construction et à l'embellissement de Bure. Voici les détails de celle ayant rapport à l'abbé de Jong :

«Au blason de saint Hubert : un massacre de cerf, avec la croix, sommée de la mitre accostée de la crosse et de l'épée; des branches de chêne, modelées avec un goût parfait, remplissent le reste du champs.»

Cet abbé de Jong est précisément l'aumônier de l'ordre noble de saint Hubert de Lorraine et du Barrois, composé de si fervents chasseurs, et qui, comme dit plus haut, s'était donné tant de mal pour obtenir, en 1729, de l'Electeur Palatin, la confirmation de sa charge dans cette ordre noble.

Il commanda les belles boiseries de l'étage, offrant tant d'analogie avec les magnifiques stalles du chœur de l'église de St. Hubert, qui auraient été exécutées par d'habilles ornemanistes, sous la direction du sculpteur liégeois G. Evrard, en 1733-1735.

Le successeur de l'abbé de Jong, décédé en 1760, fut Nicolas Spirlet (1715-1794) le dernier des abbés de St. Hubert. Il aimait beaucoup de résider à Bure, ce qui nous permet de croire que ce fut également un grand chasseur. C'était dans tous les cas un bon cavalier, car il n'hésitait pas à se rendre à cheval de St. Hubert à Bruxelles, à Cologne et à Liège. Avant son élection, il avait passé plusieurs années à Bruxelles, à la cour du Gouverneur général des Pays-Bas, où il avait puisé un certain goût du luxe, de l'ostentation et des voyages. D'un autre côté, il avait un penchant décidé pour les entreprises industrielles, de sorte qu'on le vit bientôt se livrer à des expériences d'agronomie, établir des tanneries, des scieries, des fabriques de potasse, des hauts fourneaux et des forges. Il dépensa des sommes considérables en essais infructueux, de sorte qu'on disait de lui *«qu'il faisait du fer avec de l'or.»* Ces spéculations malheureuses et les pertes qui en résultèrent, furent la cause, ou le prétexte, de vifs dissentiments entre lui et ses religieux. (1)

Armoiries de l'Abbaye de Saint Hubert
Sculpture d'une des portes du cloitre à Saint Hubert.
(Photo Laurent)

On aura vu par la description ci-dessus des armoireries d'un des abbés de St. Hubert qu'elles comprenaient *«la crosse et l'épée»*. Ces deux motifs héraldiques figurent également dans les armes de l'Abbaye même, sculptées sur une des belles portes en chêne de la résidence abbatiale à St. Hubert. Il ne rentre pas dans le cadre de cet ouvrage de donner une description de cette magnifique résidence. Nous

(1) Manuel des Pélerins, p. 29, ouv. cité.

nous bornerons à noter ici, que l'épée du blason représentait le pouvoir temporel dont les abbés étaient investis, et la crosse, le pouvoir spirituel. Le massacre de cerf et le cor de chasse sculptés, dans le médaillon, au centre des armoiries, sont une allusion à la légende de la conversion de saint Hubert, et aux goûts bien connus des moines de l'ordre, pour la chasse, les chevaux et les chiens.

Il est bien entendu, qu'en dehors des armoiries de l'abbaye, les abbés avaient leurs armoiries personnelles.

Nous sommes aller visiter Bure et nous avons eu de la peine à reconnaître l'opulente maison de chasse décrite par Saumery. Si à l'intérieur on retrouve encore l'âtre monumental devant lequel les abbés-chasseurs s'attardaient après leurs randonnées à travers les plaines et les forêts voisines; si l'on retrouve encore le bel escalier décoratif, quelques cheminées en marbre, quelques magnifiques lambris sculptés, et même une ou deux taques armoriées ; les bâtiments, par contre, ont beaucoup souffert à défaut d'entretien régulier. Les fossés qui entourent les bâtiments sont envahis par les herbes, et en partie comblés. Les écuries ainsi que les bâtiments de la ferme, ont été partiellement détruits par un incendie accidentel survenu, en 1918, peu avant la retraite des soldats allemands qui ont occupé ces annexes pendant les années de guerre, mais le beau perron et la façade regardant vers la ferme, ont heureusement été épargnés.

En 1870, le vieux Castel fut mis à la disposition du Gouvernement Belge par le propriétaire d'alors, le comte de Geloes de Eysden (Hollande).

Le général Delanne y installa une ambulance ouverte aux blessés français.

Lors du *Kulturkampf* allemand, c'est-à-dire en 1872, des religieuses allemandes, vinrent se refugier à Bure avec leurs élèves.

Le comte de Geloes céda Bure au baron Carton de Wiart, qui le passa, il y a quelques années, aux Pères Augustins de l'Assomption, après leur expulsion de France.

Cet ordre y a installé, tant bien que mal, un Alumnat et l'occupe encore actuellement.

Le mobilier de fortune, recueilli un peu au hasard par ces pauvres religieux, contraste douloureusement avec les vestiges du faste de leurs prédécesseurs, les abbés de Saint Hubert.

Là où étaient hébergés naguère les chiens de la meute, près des bâtiments de la ferme abbatiale, les Pères de l'Assomption ont improvisé une misérable chapelle, et l'âtre monumental abrite pour l'instant un squelétique fourneau de cuisine.

* * *

Le corps de Saint Hubert serait-il à Bure ?

Il ne sera certes pas inopportun, au moment de la célébration du XIIe centenaire de la mort du grand Apôtre des Ardennes, d'ajouter à cette courte notice, sur Bure, qu'une croyance persistante, fort répandue dans le pays, prétend que c'est là que serait caché le corps de saint Hubert, qu'on recherche en vain depuis si longtemps. Voici comment un religieux, Père Nestor Craisse, dont nous avons eu la lettre, datée du 1 juin 1922, sous les yeux, raconte cette légende : (1)

«Il paraîtrait que, soit au temps des guerres religieuses, soit pendant la grande Révolution, le corps de saint Hubert aurait été caché, non dans un des caveaux de l'église de Saint Hubert, mais dans un souterrain de la maison de Bure. Pour faire ce travail, on employa, paraît-il, un maçon de Bure, auquel on banda les yeux pendant le voyage et le transfert de la relique. Le bandeau ne lui fut enlevé que pendant la construction du mur, par lequel il devait clore le souterrain, où la relique était cachée. Quelques-uns affirment que ce souterrain est dans le château. Le fait est, que les deux moines survivants ne passaient jamais devant le castel, sans le saluer pieusement, comme s'ils y vénéraient un objet sacré qui y serait renfermé.»

«Des sondages furent faits, en effet, en différents endroits, j'étais alors élève à l'alumnat; M. Magnus, maçon à Bure, y prit toujours part et pourra donner sur ce sujet tous les renseignements.»

Chose fort étrange, et qui doit inciter à la prudence, cette relation concorde, dans plusieurs de ses détails, avec une de celles, rapportées par l'abbé Hallet, dans une brochure publiée en 1871, donc il y a plus de cinquante ans, et ayant pour titre : *Le corps de saint Hubert conservé jusqu'à nos jours. Documents et preuves.* (2)

L'abbé Hallet ne dit pas un mot de Bure, et après avoir exposé dans tous ses détails les recherches méthodiques, faites dans l'église abbatiale pour retrouver les précieuses reliques, il arrive à la conclusion, empruntée à M. Geoffroy, major des cuirassiers en non activité, qui prétendait dans *L'Observateur du Luxembourg*, du 25 février 1846, avoir recueilli de la bouche d'un vieillard de St. Hubert, âgé en ce moment de cent et un an, et dont le major était occupé à faire le portrait; que le corps de saint Hubert, placé dans un coffre de plomb, avait été caché par les moines dans un caveau de la grande église. Le vieillard ajoutait, que l'abbé et deux religieux possédaient seuls le secret du lieu où ces reliques étaient déposées.

«Il serait à désirer, écrivait encore le major-artiste, à la fin de son article dans le journal luxembourgeois, que l'architecte distingué,

---

(1) Par un curieux hasard c'est le même Père, nommé depuis lors Directeur de l'Alumnat, qui nous a aimablement piloté pendant notre visite à Bure.

(2) Publié en brochure et dans les *Précis Historiques*. Bruxelles 1871, J. Vandereydt. Editeur. (Collection E. Dilis, Anvers.)

chargé par la Commission des Monuments de faire de grandes réparations à l'église de St. Hubert, reçut aussi l'ordre de diriger quelques fouilles qui, nous avons tout lieu de le croire, seraient couronnées de succès.»

«Si on retrouvait le patron des chasseurs, nous réclamerions pour récompense de notre initiative, l'honneur de descendre le premier dans son caveau, pour le saluer au son du cor de chasse par une joyeuse fanfare...»

Les fouilles recommandées par ce «vieux major», aussi devin que son homonyme de l'almanach, eurent lieu, mais ne donnèrent pas le résultat espéré. Depuis lors, aucune recherche n'a plus été effectuée, et on n'espère plus que dans une intervention céleste.

Lorsqu'en 1900, rappelle Hubert Du Moustier(1), Monseigneur l'Evèque de Namur rendit visite aux religieux de Bure, il leur dit en souriant : «Mes frères, nous espérons bien que vous allez nous retrouver le corps de saint Hubert. Vous savez qu'on dit qu'il est chez vous. La Belgique et le monde entier vous en auraient une immense reconnaissance.»

Depuis des années les élèves et les Pères de l'Alumnat de Bure prient journellement pour obtenir l'accomplissement de ce vœu, et le clergé de Saint Hubert a publié dans le «*Manuel du Pélerin*» une invocation spéciale que Monseigneur Heylen a enrichie de cinquante jours d'indulgence. Nous espérons, écrit le révérend doyen de Saint Hubert, que les fidèles ne manqueront point de répondre à cet appel. Nous demandons aux parents chrétiens, à M.M. les Curés et aux religieux et religieuses, de faire réciter cette prière par les enfants, surtout les tout petits, dont l'innocence aura beaucoup de puissance sur le cœur de Dieu.

*
* *

Comme on aura pu s'en rendre compte, il n'était pas possible de parler de l'ordre noble de saint Hubert de Lorraine et du Barrois, sans dire quelques mots de la résidence des aumôniers de cet ordre, et de l'intérêt qu'ils portaient à la chasse. Ce serait aussi le moment de montrer comment les abbés de saint Hubert ont créé la race des chiens portant le nom du grand Patron, mais nous avons préféré consacrer à ces chiens un chapitre spécial.

*
* *

Quelques autres ordres de Saint Hubert — L'ordre noble de saint Hubert de Lorraine et du Barrois ne fut pas le seul ordre noble portant le nom de l'Apôtre des Ardennes. A part celui de 1444, fondé par Gérard, duc de Gueldre, et qu'on appelle aussi l'ordre

(1) ouvr. cité.

bavarois (1) de saint Hubert il convient encore de faire mention de l'ordre prussien appelé : «*L'ordre du cerf blanc Sancti Huberti*» dont les membres, bien qu'étant en majorité de nationalité allemande, comme le fondateur de l'ordre lui-même, le prince Frédéric-Charles, portaient un insigne revêtu d'une inscription libellée en langue française. Nous donnons le croquis de cet insigne tel qu'il a paru dans l'étude du professeur A. Schwappach. (2)

L'ordre prussien de Saint Hubert. — D'après cet auteur, l'ordre paraît être le dernier ordre de chasse ayant subsisté en Allemagne. Il fut crée, le 3 novembre 1859, en l'honneur de la vénerie. En 1889, Guillaume II l'a de nouveau consacré en qualité d'ordre privé. Il n'était

Insigne de l'Ordre prussien de Saint Hubert.

permis de porter la décoration de l'ordre que sur l'habit de chasse et pour les repas de chasse. L'ordre comptait, à part l'empereur qui en était membre d'honneur, un grand-maître, le prince de Ples, et des membres dits «impératifs», de plus, un maître de chasse, un chancelier un capitaine, un maître arquebusier et un maître de hanap.

L'insigne, était porté à un ruban, large de 6 centimètres, couleur vert-sombre, avec cette inscription en lettres d'or «*Vive le Roy et ses chasseurs*» (devise de l'ancien régiment de chasseurs sous Frédéric-le-Grand). Il se compose d'un fragment de trois feuilles de chêne en or

(1) Une croix qui semble appartenir à cet ordre bavarois a été offerte au trésor de l'église abbatiale. C'est une croix assez semblable, comme forme à celle adoptée par l'ordre Lorrain, à part, que sur chacune des quatres branches de la croix figure un lévrier sur fond émaillé. La croix est attachée par un anneau en or, à un ostensoir datant d'avant la révolution française.

(2) *Les animaux dans les légendes*, ouvr. cité.

au centre desquelles un rubis représente une goutte de sueur ; de glands de chêne en argent, au dessous desquels figurent deux couteaux de chasse. Sous ces couteaux, se trouve la couronne royale, à laquelle est suspendu, par une simple chaîne, un grand cerf d'argent, en pleine fuite, avec un cor à 12 branches, au milieu desquelles il porte la croix droite.

Pour être candidat à l'ordre, il faut, complète l'auteur, avant tout prouver qu'on s'est toujours occupé avec zèle de vénerie et qu'on passe pour bon chasseur.

Les membres de cet ordre, on le remarquera, ne s'imposent plus aucune obligation religieuse. Le nom de saint Hubert figurant dans le titre de l'ordre, de même que le cerf crucifère formant la partie la plus ornementale de l'insigne, ne rappellent plus qu'un glorieux passé.

La chapelle de la converserie.

Les fôrets giboyeuses des Ardennes et de la région de l'Hertogenwald, avec leurs légendes se rattachant presque toutes à la vie et aux miracles de saint Hubert, ont de tout temps exercé une grande attirance sur les chasseurs.

Si dans les autres contrées de la Belgique, il était possible de courir le lièvre, et même le renard, ce n'est vraiment qu'en Ardenne, pays de grandes étendues de forêts, de fagnes, et de bruyères, que la noble chasse au cerf offre encore ce charme poétique si souvent chanté par les veneurs, qui ne manquent jamais d'associer „Monsieur" saint Hubert, comme l'appelle le Roy Charles IX (1) à leurs randonnées à travers bois et vallées.

Seigneur, piqueurs, sonnez à trompe pleine
Faisons honneur à notre saint patron.
De sa fanfare, au bois comme en plaine,
Que les échos nous répètent le ton. . .

. . . .

Des cors joyeux entendez vous, marquise,
Les sons lointains perçant le vent du soir ?
Ce sont les tons de la retraite prise,
Vous annonçant la rentrée au manoir.

Si beaucoup d'antiques manoirs ont disparu en Ardenne, on y compte encore de nos jours pas mal de grandes familles chez lesquelles le respect des traditions entretient le goût de la chasse et le culte de saint Hubert.

La chapelle érigée, en 1904, à la *Converserie* en constitue un éclatant et impérissable témoignage.

(1) Voir « *La Chasse Royale* » composée par Charles IX. Paris, chez Auguste Aubry, reédition en 1843.

Elle pourrait presque passer pour une petite église de village, tant elle est belle et spacieuse, mais les attributs de chasse surmontant la porte d'entrée, de même que les bas reliefs, les blasons, les tableaux

La Chappelle de la «Converserie»
à Laneuville-au-Bois (Luxembourg)

Croquis par Frans Vandenbroucke.

et les nombreuses plaques commémoratives garnissant l'intérieur du sanctuaire, donnent immédiatement la preuve qu'il a été pieusement élevé en l'honneur du vénéré Patron des Ardennes et des chasseurs. Tout y parle hautement de saint Hubert, du cerf miraculeux et des chiens. En dehors de deux décoratifs bas-reliefs représentant l'un, une chasse au cerf dans la forêt de Chiny (don de la Société de chasse des Epioux) ; l'autre, une poursuite de sangliers dans le forêt d'Aulier (don de la Société de ce nom), on voit encore, à la place d'honneur, au-dessus de l'autel, un tableau, du plus poétique effet, représentant la légende de saint Hubert. L'auteur est Guy du Passage, qui vint expressément faire étude du site et de la forêt voisine (la forêt de Freyr) avant de réaliser sa fort belle composition.

Devons-nous ajouter, que le talentueux peintre-veneur n'a placé à côté du patron de la chasse, que des chiens de Saint Hubert du meilleur type ?

Les plans de la chapelle sont de Langerock, l'architecte louvaniste, auquel nous devons quelques unes de nos plus belles églises modernes. L'autel, dû au ciseau de M. Vermeylen, de Louvain, est un don de S. A. R. Madame la Comtesse de Flandre. Les murs intérieurs de la chapelle sont partout recouverts de blasons sculptés et polychromés, appartenant aux plus belles familles de l'armorial belge, allemand et français. On y retrouve ainsi la famille royale, à côté de Son Eminence le Cardinal archevêque de Malines et de N. Sgn. les évêques de Namur et de Liége; toute la haute noblesse belge, les de Mérode, les d'Ursel, les d'Arenberg, les de Croy, puis encore les blasons des anciennes familles luxembourgeoises, les de Briey, de Curel, d'Huart, les de Gerlache de Gomery, les de Limbourg, de Pitteurs, de Favereau, les Orban de Xivry, et bien d'autres encore.

C'est M. le baron Alfred Orban de Xivry, de la Roche, en Ardenne qui fut la cheville ouvrière de la pieuse entreprise (1).

La cérémonie de la bénédiction, présidée par Mgr. Heylen, Evêque de Namur, eut lieu le 22 août 1904, en présence de M. le comte de Briey, gouverneur de Luxembourg, et des personnalités les plus en vue de la haute société belge. Lentement Mgr. Heylen fit le tour de l'église, l'aspergeant d'eau bénite, puis M. le curé de Laneuville-au-Bois est monté à l'autel pour la célébration de la sainte Messe.

Pendant la cérémonie religieuse, la société „Hallali" groupée devant la chapelle, exécutait l'hymne à saint Hubert et autres sonneries de chasse. La meute du Rally Vielsalm, gardée à vue par trois piqueurs, y mêlait le bruit de ses aboiements. Les hommes d'équipage de M.M. de Sincay, Dumont de Chassart et de Crawhez accentuaient par leurs livrées voyantes, le caractère aristocratique de la cérémonie.

Mais pourquoi la chapelle porte-elle le nom de la *Converserie ?* nom charmant s'il en fut, et auquel la population de la contrée a, comme de coutume, donné une signification s'adaptant à la fois à sa passion pour la chasse et à sa vénération pour saint Hubert.

Ce serait à l'endroit même où la chapelle a été élevée, que s'est

(1) Voir le «*Patriote Illustré*» du 18 septembre 1904. Actuellement la chapelle de la converserie est désservie par l'abbé Guillaume, curé à Laneuville-au-Bois (Baconfoy, Luxembourg), qui nous a très aimablement documenté.

produite l'apparition miraculeuse du cerf crucifère, mais hélas, comme toujours, les historiens, ces terribles tombeurs de légendes, ont démontré, parchemins et citations à l'appui, que cette naïve croyance n'est qu'un fruit savoureux de la fertile imagination populaire.

La chapelle élevée par d'aristocratiques chasseurs, n'a fait que remplacer une autre chapelle, dédiée, celle-ci, à Ste Catherine, et ayant fait l'objet d'une donation réalisée par Henri II, comte de la Roche, au profit de l'abbaye de St. Hubert. Ceci se passait en l'an 1152 (1). La chapelle fut donnée à l'abbaye pour y faire un hospice. Cette fondation, dit Kurth (ouv. cité, p. 116, note 2) desservie par des convers, prit par la suite le nom de „Converserie". Plus tard, ne com-

Une des plaques commémoratives
garnissant la Chapelle de la «Converserie»

prenant plus la signification de ce nom monastique, on a imaginé de faire de la converserie le théâtre de la conversion de saint Hubert : fausse étymologie, reposant sur une fausse tradition ! C'est bien dommage, car avouez que la légende populaire est autrement belle et poétique que cette histoire d'hospice et de frères convers.

---

(1) God. Kurth, *Chartes de l'Abbaye de St. Hubert*, T. I, chartes XCI, p. p. 115 et suivantes. Dans les annales de l'Institut archéologique du Luxembourg on lit une étude du baron Alfred Orban de Xivry, très intéressante au point de vue descriptif de la chapelle (voir tome XLIII à XLV des années 1908 et 1910).

A cause de sa situation, à quelques pas du carrefour des grand' routes des Ardennes, la chapelle de la Converserie a de tout temps été un point par où les chasseurs passaient volontiers avec leurs meutes.

Il en venait de Bièvres, de Viel-Salm, de Spa, de Waereghem, de Chimay, du Limbourg, des Flandres, de la France et de l'Allemagne, de partout enfin. Sur une plaque commémorative on retrouve le nom de plusieurs protecteurs de la chapelle, groupés sous le titre de „*Société de chasse de l'Hertogenwald*".

En faisant consacrer une chapelle à saint Hubert, la noblesse suivait le pieux exemple que donna Léopold I quand il fit ériger en 1847-1848, dans l'église même de St-Hubert, le mausolé dû au ciseau de Guil. Geefs. La légende du cerf est représentée, en bas-relief, sur la partie inférieure du monument. Notre premier roi était grand chasseur, comme on sait, et quand il allait à son château d'Ardenne fêter la St Hubert, la bénédiction solennelle de la chasse avait lieu à l'église abbatiale. Voici comment le „*Manuel du Pèlerin*" (1) raconte cette coutume, d'après un auteur contemporain : „A la Saint-Hubert, la belle église du saint Patron des chasseurs était autrefois le rendez-vous des chasseurs de tous les pays. Dès trois heures du matin, les trompes sonnaient le réveil, et à l'instant chasseurs et piqueurs, gardes et braconniers se mettaient en route avec leurs chiens pour assister à la messe solennelle qui se célébrait aux flambeaux. Les trompes sonnaient lors de la consécration et de la bénédiction que le prêtre donnait après la messe, à la porte de l'église, aux seigneurs châtelains en grand costume, aux Dames en toilette de Diane chasseresse, aux piqueurs, à toute la haute et petite vénerie, jusqu'aux chiens. Puis, le plus jeune chasseur faisait la quête, à laquelle ordinairement un nid de grives placé dans le pavillon de sa trompe lui servait de plateau. La quête terminée, tous s'empressaient d'entrer en chasse."

Comme tant d'autres, ajoute mélancoliquement l'auteur du Manuel, cette coutume a disparu !

La seule habitude pieuse qui s'est continuée, c'est la messe anniversaire que les chasseurs font célébrer le jour de la St Hubert dans plusieurs localités de Belgique et de l'étranger, cérémonie religieuse suivie, le soir, d'après la même tradition, d'un fraternel banquet dont le gibier tiré par les participants forme le plat principal.

(1) Ouv. cité.

TROISIÈME PARTIE.

Les «Gildes» et Confréries de saint Hubert.

Il se comprend, que c'est dans les Ardennes, contrée se prêtant le mieux à la grande et noble chasse au cerf, et qui est aussi celle ou saint Hubert a vécu, et où tout parle de Lui et de ses miracles, que son culte s'est le mieux conservé. Dans les autres parties du pays ainsi qu'en France, en Allemagne, en Hollande, et même en Angleterre, ce culte n'a pas été moins vivace, seulement, par suite de certaines circonstances particulières et locales, que nous développerons à point voulu, il a singulièrement évolué entre le XVIe et le XVIIIe siècle.

Alors qu'en Ardenne, c'est surtout la noblesse qui se groupe sous le vocable de saint Hubert, nous voyons, qu'ailleurs, c'est beaucoup la haute bourgeoisie qui forme, sous le même patronage, des «gildes» ou «confréries» très fermées, dans le but de pratiquer la chasse entre amis de même condition sociale. Mais, par suite de la disparition lente du gros gibier, cette chasse devient petit à petit assez banale pour dégénérer, au XIXe siècle, dans la campine anversoise, en une chasse aux moineaux et aux taupes !

Tous ces grands et petits chasseurs mettent les pratiques et coutumes religieuses, en l'honneur de saint Hubert, en harmonie avec leur goût pour les banquets et les réunions à la Jordaens, si ce n'est pas à la Breughel !

Au point de vue folklorique, il est certes intéressant de suivre d'assez près l'évolution de ces pratiques et coutumes.

Nous verrons aussi, en passant successivement par Anvers, Malines, Gand, Louvain et Esneux, pour aboutir aux villages campinois de Schilde et de St. Antoine, les nobles et les bourgeois copier ou imiter les coutumes, usages, titres, insignes, décorations (celles-ci surtout) adoptés, en 1422, par les chasseurs de très haute lignée, groupés pour la première fois en Europe, sous le titre d'*Ordre noble de saint Hubert de Lorraine et du Barrois.*

Les noms ronflants de „Grand-Veneur", „Grand Maître", „Chancelier" et „Aumônier" de cet ordre „Noble" vont se muer insensiblement en „chevalier", „doyen", „secrétaire" et „chapelain" d'une confrérie très roturière, pendant que la „croix" décernée, à l'origine, en grand cérémonial, et avec consentement royal, à des ducs et à des princes, se transformera en une modeste „médaille" ou en un pieux „cornet" de saint Hubert, allant orner la boutonnière complaisante des modernes disciples du grand Patron !

Nous assisterons hélas aussi au déclin progressif des belles cérémonies religieuses organisées en l'honneur du grand Saint : d'imposantes qu'elles étaient, par exemple, au XVIIIe siècle, à Anvers, quand les messes anniversaires se célébraient en „Duplex" avec accompagnement de sonneries de cors et de „Te Deum", ces messes ne se distinguent actuellement plus guère des autres offices, que par les distributions de petits pains bénits appelés communément „*Hubertus broodjes*".

I. — La Sint Huybrechtsgilde à Anvers (1518-1821).

Le fonctionnement de cette confrérie, fondée en 1518, en l'église Notre-Dame à Anvers, sous le titre de „St. Huybrechtsgilde" (1), peut-être aisément suivi dans les archives actuellement encore très complètes, malgré les vols et les pillages dont les églises ont été l'objet pendant les guerres de religion et au moment de la Révolution française.

La pièce capitale de ces archives est un livre d'or comprenant les noms des personnages les plus en vue de la société anversoise, depuis 1518,époque de la fondation de la confrérie, jusqu'à sa suppression en 1821, date à laquelle tout l'avoir comprenant, des reliqaires, des objets d'arts, et un encaisse de sept cents florins, fut remis „*contre un reçu signé par Messieurs les Marguiliers de l'église saint Charles à Anvers par lequel ces messieurs déclarent avoir reçu la dite somme de 700 florins pour la fondation d'une messe annuelle à célébrer, le 3 novembre de chaque année (jour de la saint Hubert) à perpétuité*".

Ce précieux livre d'or est devenu, à la suite de circonstances trop longues à détailler ici, la propriété personnelle de M. Ferd. Donnet, qui a bien voulu le mettre à notre disposition pour faire confectionner le cliché donnant, pour l'année 1678, les noms et qualité du „Doyen" (*deken*) et confrères (*Guldebroeders*) de l'illustre compagnie, qualifiée de „noble" à partir du XVIIe siècle, alors qu'avant cette époque, elle ne comprenait que de simples bourgeois.

Le très original dessin à la plume représentant saint Hubert sonnant du cor de chasse, tout en poursuivant à la course le cerf crucifère avec deux chiens — un limier et un lévrier — prouve à lui seul, que les „confrères" étaient de fervents chasseurs et que les plus joyeuses fantaisies présidaient à leurs réunions profanes.

---

(1) D'après l'ouvrage de feu Edm. Geudens (1921), archiviste de l'église Notre-Dame, il existait déjà une confrérie de saint Hubert, en 1501. En 1506 on commandait une chasuble portant en broderie la légende de la conversion de saint Hubert, et, en 1516, la confrérie possédait un autel en la même église.

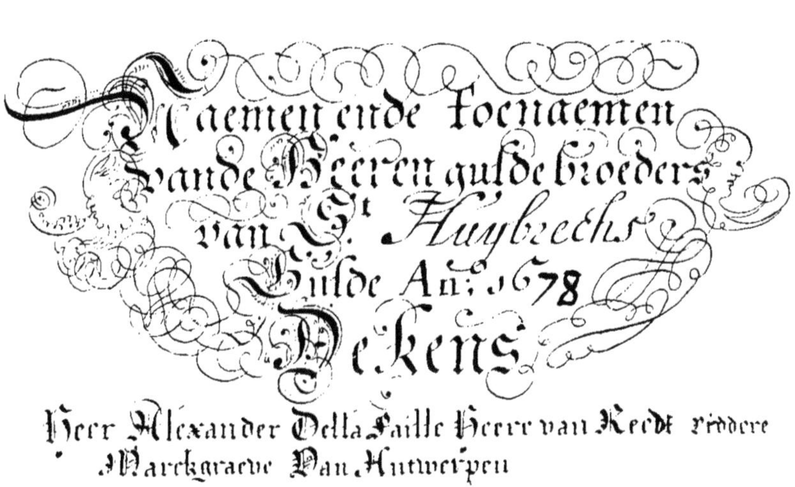

Naemen ende toenaemen vande Heeren gulde broeders van St Huybrechs Gulde Ao: 1678

Dekens

Heer Alexander Della Faille Heere van Reedt riddere Marckgraeve van Antwerpen

Guldebroeders.

Syne Exc. Don Juan de Zuniga y Fonceca Haro Gusman Graeve van Monterey etc Gouverneur vande nederlanden en Borgondien
Heer Jan Augustin van Hove Riddere
Jonr. Hendrick vanden Werve Out Borgemeester
Heer Paschier vande Cruyce Heer van Artselaer Kleydael Out Borgemeester ridd.
Joncker Jan Bapt. Della Faille Heer van Reedt
Jonc.r Jan del Campo Capiteyn Gereformeert
Jonr. Balthazar vander Heyden Schoutrth
Syn Exc. Don Balthazar mercader Gr. de Milane
Mr Gaspar de witte Greffier van Tresorye
De Heer Andries Martens Schepene
Jonr. Henk. Fran. Hoens Heer van witte gracht
Heer Francois Rubbens Rid. Raet van syne ma. in Brabandt
Jonr. Jan van Mechelen Schepenen
Heer Rudolph Zeger van Langenberg Riddere
Heer Alex.r Baltazar Roelants prot. Apost. Choor Deecken van Ker Heer van Mol Baelen en Dessel
Heer Didrick Baron van Voorhout, Riddere Heere van Sevenhuysen
Heere George Bosschaert Riddere, Heere van Boom
Heer Phelipe de Hornes Graeve van Bassigny
Heer Jan Charel de Haudion Baron van Altfaltkenborgh Heere van Eynrode

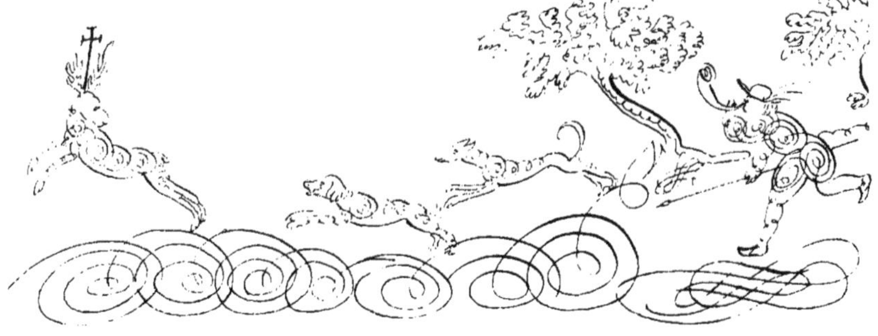

A part ce dessin, le livre contient encore, sous une forme très artistique, les armes des personnages politiques importants ayant fait partie de la confrérie, tels le prince de Salm-Salm, Nicolas, Léopold, Duc d'Hoogstraeten, Gouverneur de la citadelle d'Anvers en 1753, et le général de Plumkett, commandant de la même citadelle, chevalier de l'ordre militaire de Marie Thérèse, Lieutenant Général d'Infanterie. Ces dernières armoiries très finement dessinées à la plume, en 1770, par L. J. Pérrier, occupent toute une page.

La confrérie avait, dès le début, limité le nombre des membres à vingt-et-un „*van goeden naeme ende faeme*", de bonne réputation, disaient les statuts, sans plus. Ce n'est que, en 1612, que l'on trouve pour la première fois le titre de „noble" *(edele)* accolé au nom de la confrérie.

Ce changement d'étiquette n'a pas d'autre cause connue, que le fait que les premiers confrères, qui étaient tous de condition bourgeoise, avaient été, petit à petit, éliminés pour être remplacés par des nobles, ou des hauts dignitaires (1).

Les membres de la confrérie payaient un droit d'entrée de quatre florins et un droit de sortie de six florins. Ce dernier était payé par les..... héritiers du confrére défunt et s'appelait de ce chef „*doodsgeld*".

En échange, la confrérie faisait chanter une messe de *Requiem*, dans la chapelle de la confrérie, messe à laquelle les confrères devaient assister en grand apparat, sous peine d'amende.

En dehors de ces cotisations, la confrérie touchait annuellement plusieurs „rentes", consenties par des paroissiens charitables, et dont le payement régulier était garanti par des immeubles situés à Anvers (2).

Mais toutes ces rentrées étaient loin de suffire au payement des dépenses, se reproduisant périodiquement, tels les „honoraires" du chapelain (3) particulier de la confrérie et le salaire du valet (*knaep*).

Aussi les comptes annuels, tenus avec une régularité exemplaire, soldent-ils généralement par un déficit, du reste prévu par les statuts, dirait-on, puisqu'il était stipulé que le „Doyen" (*deken*), entrant devait couvrir le déficit laissé éventuellement par son prédécesseur. Ce payement obligatoire, constituait à la fois un don de joyeuse entrée de la part du nouveau doyen, et un bon moyen pour les confrères, d'écarter les candidats peu fortunés ou peu généreux.

(1) Edm. Geudens donne les noms et qualités des membres aux deux époques envisagées.

(2) Les actes se trouvent encore dans les archives de l'église saint Charles, de même que l'acte original, du 30 octobre 1587, par lequel les Bourgmestre et Echevins approuvent les statuts de la Confrérie.

(3) On le nomme aussi parfois «*proost*», en français prévot. Il touchait annuellement 16 florins, à charge de dire deux messes par semaine.

Pour les dépenses extraordinaires ou de luxe, on pouvait largement compter, comme on va le voir, sur le bon goût artistique et la pieuse libéralité des confrères.

Après être intervenu dans la construction et l'ornementation de l'autel que la „St. Huybrechtsgilde" possédait en l'église Notre-Dame, en commun avec la confrérie de saint Antoine, les deux confréries se mettent d'accord pour commander un tableau au célèbre peintre Martin de Vos (1531-1603).

Selon les désirs des donateurs, le tableau devait représenter la tentation de saint Antoine, et sur les deux volets (*deuren*) devaient figurer saint Roch et saint Hubert.

Nous n'avons pu découvrir ce que les deux volets sont devenus. Le panneau central du triptyque orne actuellemeut une des salles du Musée Royal des Beaux-Arts à Anvers : Le catalogue officiel le décrit comme suit, sous le numéro 103 de l'édition de 1920 :

Tentation de St. Antoine. — Bois. Hauteur 2 m. 70. Largeur 2 m. 12.

Représentation synoptique. Par ordre chronologique nous avons d'abord à l'arrière plan, St. Antoine et St. Paul quittant la ville et s'entretenant avec un architecte de la construction d'un cloitre qui se dresse avec ses tours et ses annexes, au milieu d'un site boisé. Près de là, les deux ermites sont assis sur un banc, dans une chaumière qu'ombragent de hauts arbres : un corbeau vient les nourrir miraculeusement. Entre ces deux scènes, vers le centre, se déploie un cortège de figures fantastiques, à la façon de van Ake ou de Breughel le Drôle, dont deux personnages, assis l'un sur une giraffe, l'autre sur un éléphant : ils sont précédés d'un couple de danseurs et suivis de deux musiciens singulièrement accoutrés. A l'avant plan, deux lions ont creusé une fosse avec leurs griffes. Un personnage à tête de porc, costumé en moine, est assis près de là et lit pieusement dans un livre. A gauche des chanteurs et des musiciens entonnent un concert funèbre en l'honneur de St. Paul, qu'Antoine porte respectueusement au tombeau. Derrière Antoine apparait, à droite précédé d'un porc, une femme toute rayonnante de beauté, tenant en main un coffret plein d'or et ayant la tête couronnée d'un bois de cerf. Au dessus de cette scène St. Antoine est transporté dans les airs par un essain de démons, aux formes les plus bizarres.

Figures moitié de grandeur naturelle.

Ce que le rédacteur du catalogue a pris pour un „*personnage à tête de porc costumé en moine lisant pieusement dans un livre*" n'est rien d'autre que le joyeux et madré renard „*Reinaert de Vos*" repenti, comme nous le montre son équipement de pélerin. Si le talentueux homonyme de „Reinaert de Vos" s'est plu à placer un renard tout à l'avant plan de sa conception si fantaisiste, c'est — il n'en faut pas douter — qu'il était convaincu qu'une allusion à cet animal, si cher aux chasseurs campinois de l'époque, serait certainement bien accueillie. Un autre animal fort connu des chasseurs, est mis très en relief, au centre du tableau, sous la forme d'un démon ailé moitié loup, moitié lièvre, portant en bandouillière un cor de chasse et une fauconnière (*valkentesch*).

En consultant „*La légende dorée*", de Jacques De Voragine (1),

(1) Ouvrage cité.

La Tentation de saint Antoine l'Ermite.
Panneau central d'un triptique dont les volets représentaient
saint Roch et saint Hubert.

Par Martin de Vos (1531-1603)
Musée Royal des Beaux-Arts d'Anvers.

on verra que parmi les innombrables épreuves subies par saint Antoine, il en est une décrite comme suit : „Une autre fois les anges l'emportèrent en l'air et les diables vinrent empêcher qu'il ne passât, et ils lui opposaient les péchés qu'il avait commis depuis sa naissance ; et les anges dirent : „Ne comptez pas ceux qui sont effacés par la piété de Jésus-Christ; et si vous en savez qu'il ait commis depuis qu'il est moine, dites ceux-là." Et les diables n'eurent rien à répondre, et ils laissèrent Antoine, qui fut élevé en l'air et déposé libre sur la terre..."

Serait-ce pour rappeler ce généreux pardon aux membres des confréries de saint Antoine et de saint Hubert, que Martin de Vos a représenté tout le groupe des sept péchés capitaux dans la partie supérieure du tableau ?

La réponse parait devoir être affirmative. On voit, en effet, que c'est Lucifer, en personne, bien reconnaissable à ses grandes cornes et à ses doigts crochus, qui conduit et encourage toute la bande de ses aides, exactement au nombre de sept : le lièvre, si connu pour sa manie de „dormir au gîte", représenterait la paresse ; le porc avec sa jambe de bois, la gourmandise; le perroquet agressif, l'orgueil ; le monstre au martinet, la colère ; la femme à la vipère, la luxure ; le vieux avec sa bourse suant les écus, l'avarice ; et le chevalier habillé en homard, l'envie !

Quant au personnage à bec en spatule et à pattes de faucon, qui soulève discrètement un coin du manteau du saint, ce ne serait „que" le petit péché véniel, passant presque inaperçu au milieu de ces affreux péchés capitaux.

Etendre ces tentatives d'explications à tous les autres personnages, sortis du pinceau inventif de Martin de Vos, depuis les deux petits aviateurs volant comme les mouches du coche autour du groupe de démons, jusqu'aux musiciens entonnant en chœur l'oraison funèbre de saint Paul l'Ermite ; c'est là une tâche que nous abandonnons volontiers au lecteur curieux. Nous ferous toutefois exception pour un des chanteurs : un singe passant bras et jambes à travers un pot à bière troué. Sur la tête de ce singe le peintre a placé la „dive bouteille" et à l'anse du pot il a pendu le gênant „*kerfstock*", ou bâton servant jadis dans les auberges flamandes, à marquer, au moyen d'une entaille, le nombre de cruches de bière portées au crédit du client. Les traits (six en l'occurrence) figurés sur le „kerfstok" fixé au pot, de capacité pourtant respectable, intervient ici comme un témoignage public d'admiration que Martin de Vos a voulu donner à ses amis des confréries de St Antoine et de St Hubert, si opportunément jumelles.

Ces „chers et bons amis" ne pouvaient — cela ne se comprend que trop — laisser sans réponse une allusion aussi ouverte que flatteuse à leur réputation de bons buveurs. Aussi s'empressèrent ils, quand de Vos leur livra le tableau, de lui témoigner leur reconnaissance et leur entière satisfaction, en lui offrant un „*ghelach*" (régal) suivi bientôt d'une réédition, sérieusement revue et augmentée, disent clairement les comptes de la confrérie de St Hubert. La première dépense faite à l'auberge „*De Goudblomme*", le 29 avril 1596, s'élevait, en effet, à 6 florins 12 sous et la suivante (26 juin) n'était pas inférieure à 9 florins 6 sous (1).

Ces festins, suppose non sans raison Edm. Geudens, se donnèrent à l'occasion du placement du tableau et du payement de son prix. La quittance, comportant une somme de 135 florins 18 sols, pour les volets, fut délivrée par Martin de Vos, en 1594. Il toucha en plus 50 livres pour le panneau central.

Dans son historique de la „*Confrérie de St Antoine Ermite, à Anvers*" P. Génard (2) donne sur ce tableau de Martin de Vos quelques renseignements qui viennent heureusement compléter ceux que nous devons aux patientes recherches de Edm. Geudens.

« C'est sous l'habile direction des richissimes Martin della Faille(3) et Rogier Clarisse, écrit Génard, qu'on parvint à réunir les fonds nécessaires pour l'exécution d'un triptyque en rapport avec l'importance de la compagnie et surtout de l'église Notre-Dame.

Le grand peintre Martin de Vos était alors à l'apogée de son talent, et cet artiste qui, à différentes reprises, avait traité avec un égal succès des scènes relatives à la vie de St Antoine, semble avoir réussi d'une manière particulière dans la tâche qui lui fut confiée par la Gilde de notre cathédrale. Comme à l'église St Jacques, l'artiste a représenté l'esprit malin sous les traits de sa femme, la belle Jeanne Le Boucq. Y aurait-il eu méchanceté de sa part ? Quoi qu'il en soit, il est certain que, tant par sa composition originale et bizarre, que par son exécution splendide, ce tableau attire l'attention de tous les connaisseurs. »

Si, à première vue, la composition de Martin de Vos nous apparaît comme une diablerie incohérente, cette impression disparait dès qu'on parvient à saisir, ne fut-ce que partiellement, la signification que l'artiste a voulu donner à ses nombreux personnages, si étrangement accoutrés.

Après en avoir identifiés quelques-uns, nous ajouterons encore, que la courte béquille terminant une des jambes du porc pansu, à queue de raie, n'est qu'un rappel du T qu'on retrouve sur la manche gauche du froc de saint Antoine.

D'après les hagiographes, saint Antoine, qui était considéré comme le défenseur du foyer domestique, était aussi invoqué comme un protecteur spécial contre les attaques de l'esprit malin et les maladies inflammatoires, surtout contre celle connue sous le nom de *feu de St Antoine*. Un ordre d'hospitaliers fut placé sous son patronage et une figure spéciale lui fut attribuée dans l'art héraldique, la fameuse *croix de potence*, ou de St Antoine, appelée également *tau*, ou *béquille* de St Antoine. On retrouve ce même T héraldique, ou béquille, dans le blason de la Gilde de Saint Antoine à Anvers.

(1) *Meyn here Lambot Tserats is scheuldich « In de Goudblomme » den 29 April (1596) over een ghelach vertert met van der Neesen Margenbosch ende Merten de Vos. 6 g*d *12 st. en 26 Juny vertert mete selveghe company noch 9 g*d *6 st. te samen 15 g*d *18 st. (Edm. Geudens, op. cit.)*

(2) Extrait du Bulletin de l'académie archéologie de Belgique, 1881.

(3) On rencontre plusieurs membres de la famille della Faille parmi les dignitaires et les confrères de la St Huibrechts Gilde.

Une autre magnifique œuvre d'art que les deux très riches confréries de St Antoine et de St Hubert possédaient en commun, était constituée par le plateau et les deux burettes en argent destinés au service divin.

Ce chef d'œuvre de composition et de travail, dit P. Génard, fut exécuté, en 1669, moyennant le prix de 181 florins 17 sols, par l'orfèvre Norbert Lesteurs, un artiste qui mérite une première place dans l'histoire de la ciselure en Belgique. Le plateau, pourvu d'une riche ornementation, renferme quatre cartouches figurant, en haut, *La tentation de St Antoine*; en bas, *L'Ensevelissement de St Paul Ermite;* à droite, saint Hubert et le cerf; à gauche, St Roch.

La burette destinée au vin représente des anges pressant des grappes de raisin, celle réservée à l'eau, en représente d'autres anges nageant et jouant dans cet élément.

Sur le fond du plateau, dénommé en flamand *Ampulleschotel*, étaient représentés les emblèmes de la confrérie, au milieu d'une auréole de flammes entourées d'une couronne de lauriers.

P. Génard ne dit pas si la St Huibrechtsgilde intervint dans le payement du prix, mais c'est peut-être un oubli. Il ne fait du reste pas mention non plus de l'intervention, de la même gilde, dans le coût du triptyque de Martin de Vos.

Quoiqu'il en soit, les deux confréries étaient assez riches pour posséder, en double, les objets précieux utilisés pour l'exercice du culte. Nous voyons ainsi, qu'en 1642, la St Huibrechtsgilde détenait déjà deux „ampulles" en argent. Voici dans son texte intégral la copie de l'inventaire de cette année dans lequel ces objets figurent :

Un tableau de St Hubert peint sur bois.

Une chasuble en damas rouge avec la croix brodée représentant l'histoire de St Hubert.

Deux „ampulles" (1) en argent.

Un vieux „peys" (2) en argent coulé.

Un „peys" en argent de forme allongée et doré au milieu.

Une grande trompe, garnie de cuivre avec un pied en argent, contenant des reliques de St Hubert.

Encore une petite trompe garnie d'argent aux deux extrémités.

Encore une plus petite trompe également garnie d'argent.

Un socle en ébène sur lequel on place le St Hubert en argent sur l'autel, en temps de fête.

Une trompe noire garnie d'argent aux deux extrémités, offerte (*vereert*) par le s^r Gilles van den Boegaert, confrère de la confrérie.

Une plaque en cuivre rouge „de la figure de St Hubert" offerte à la confrérie par M. l'échevin Louis Lemesureur.

Nous avons déjà donné quelques éclaircissements au sujet des „images d'offrandes" confectionnées au moyen de la plaque en cuivre

(1) Burettes.
(2) Petit reliquaire que le prêtre donne à baiser après la messe.

mentionnée ci-dessus. Quant aux trompes de différents formats, dont le nombre étonnera sans doute, nous en reparlerons dans le chapitre consacré aux trompes, comme emblèmes religieux et accessoires de chasse.

Dans cet inventaire ne sont évidemment pas relevés les meubles, ornements d'église et autres objets servant à l'exercice du culte, ni l'autel proprement dit, entièrement en marbre blanc. Cet autel fut reconstruit, en 1775, d'après le projet élaboré par l'ancien aumônier Petr. Jos. Herry et l'archidiacre van Mechelen de Berthout. La part (1) dans les frais incombant à la confrérie de saint Hubert s'éleva à 380 florins, ainsi qu'il résulte de la quittance libellée comme suit :

Reçu de Monsieur le baron de Proli à ce autorisé par les Messieurs de la Confrérie de St Hubert à la Cathédrale pour contribution partiale aux frais de l'autel nouvellement y érigé en marbre, la somme de trois cent quatre vingt florins argent courant.

Anvers le 4 juillet 1776.
(s.) R. E. van Mechelen de Berthout
Archidiacre d'Anvers.

Les embellissements apportés à l'autel suivaient de près le 250e anniversaire de la confrérie. Il fut fêté avec un éclat tout spécial, comme le relatent les comptes et les délibérations contenus dans le livre d'or.

Cette année (1768), le doyen Jean Augustin van den Cruijce, porte en compte comme recettes :

Pour l'offrande du 3 novembre et les cornets et bagues distribuées	101	florins	6	sols.
L'offrande du lendemain à la messe de *Requiem*.	18	"	11	"
Pour la vente antérieure de cornets et bagues .	32	"		
Du côté dépenses, on relate en dehors des honoraires habituels du chapelain pour 46 messes, soit.	24	"		
Le salaire payé pour la musique extraordinaire	53	"	3	"
Pour l'ornementation de l'autel	22	"	17 1/2	"
Pour l'argenterie de l'autel	9	"	14	"
Pour les imprimeurs	29	"	2 1/2	"
Pour les débours de Madame la comtesse douairière de Baillet pour les cornets et bagues de St Hubert (2)	58	"	10	"
Pour le placement des tapis	5	"	3	"

(1) Chose curieuse, Génard ne fait aucune allusion à cette participation de la Gilde de St Hubert dans le payement des frais de construction de cet autel.

(2) C'est un nommé Charlier, orfèvre à St Hubert, qui livrait les bagues et cornets à la comtesse de Baillet.

La «St-Huybrechtsgilde» d'Anvers (1518 1821)

A) Reliquaire de saint Hubert
B) Trompe de chasse de la «Gilde»

Cl'ché gracieusement prêté par l'abbé F. Bernaerts, curé à St-Charles, à Anvers.

Et finalement aux sonneurs (*trompetters*), hallebardiers, ainsi qu'aux différentes personnes, comme veilleurs, et surveillants de la chapelle, pour les deux jours . . . . . 5 florins 12 sols.

Malgré les dépenses extraordinaires entraînées par la célébration du 250e anniversaire de la fondation de la confrérie, les comptes soldent encore avec un excédent de 14 florins 10 sols 1/2, alors qu'avant l'adoption des cornets, comme insignes, et leur vente aux membres de la noble confrérie, les comptes clôturaient régulièrement en débet.

Bientôt, hélas, l'ère des spoliations „légales" allait commencer. La première dont les archives font mention, est celle de la suppression des Confréries, mais les membres de la Confrérie de saint Hubert à Anvers semblent avoir été avisés de la mesure avant qu'elle ne fut décrétée. A la date du 19 mars 1786, ils tentent, en effet, de soustraire l'avoir en numéraire et les trésors artistiques de la confrérie, à la main mise des agents de Joseph II, en transférant tout cet avoir à la Chambre des Pauvres par une délibération régulièrement actée dans les écritures de la confrérie.

La précaution n'avait pas été inutile. Un mois plus tard parut l'édit du gouvernement autrichien, supprimant toutes les confréries et stipulant qu'elles seraient remplacées par une confrérie unique, portant la dénomination de *Confrérie de l'Amour actif du prochain,* et ayant le Christ pour patron et l'Etat comme contrôleur !

La décision de transfert de l'actif de la confrérie n'ayant pu sortir ses effets, à cause, dit une note inscrite dans le Livre d'or, „des circonstances et de la défense de l'autorité civile" la donation ne put être agréée et les affaires de la confrérie restèrent donc en suspens.

Malgré les efforts louables faits par les membres de la confrérie pour prévenir les effets de l'expropriation décrétée par Joseph II, ils durent se résigner, la mort dans l'âme, à livrer, le 3 juillet 1786, à l'Hôtel de Ville d'Anvers, tous les objets, papiers, meubles et numéraire appartenant à la confrérie. Le 22 décembre suivant, rapporte un auteur(1), on vendit sur le parvis de l'hôtel de ville d'Anvers, la vieille cire, les ornements, coffres, étains, cuivres, tables, chaises, bancs des confréries, en même temps que des ornements d'église précieux et quelques tableaux, dont deux de Rubens.

Faut-il ajouter que la fameuse confrérie „centrale", imaginée par Joseph II, ne vit jamais le jour !

Un an ne s'était pas écoulé que la confrérie de saint Hubert était rétablie avec ses anciens statuts et usages, conséquence des évènements historiques que nous n'avons pas à commenter ici.

Grâce à l'appui qu'elle reçut en haut lieu, à l'intervention évidente

(1) L. Mathot (van Ruckelingen) : Joseph II (1780-1787). Gent, A. Siffer. 1891, p. 50, cité par Edm. Geudens, page 96, op. cit.

de ses dirigeants hauts placés, la confrérie rentra en possession de son avoir en numéraire et du produit de la vente publique de ses meubles et ornements d'église (1).

Immédiatement, le culte de saint Hubert reprend à la cathédrale, et le chapelain, le maître de chant et le valet reçoivent, en une fois, les arriérés de quatre années.

A cette occasion les sonneurs de cloches et même le carillonneur entrent en scène, et il leur est payé de ce chef 25 florins 8 sols.

En 1792, les finances publiques sont en piteux état et l'on voit par les comptes de la confrérie qu'une „caisse de réduction et de consumption" paye les rentes, ci-devant acquittées par la ville d'Anvers. Les années suivantes, ces caisses s'évanouissent et l'on n'inscrit plus leur dû que pour „mémoire".

Cette débacle financière n'empêche toutefois pas le fonctionnement régulier de la confrérie, même en 1796, à un moment où les persécutions contre le clergé avaient déjà commencé.

Un courte interruption provoquée, en 1797, par la fermeture de toutes les églises et chapelles, conséquence du refus opposé par le clergé à la prestation du serment civil, fut suivie, en 1799, de la reprise de l'activité de la confrérie, sous la direction du nouveau doyen, Phil. A. J. de Pret, qui reprit, le 25 octobre, la succession de Jean Jacques Moretus.

De 1799, au 24 mai 1821, le livre ne mentionne plus que le payement annuel des gages du valet de la confrérie (12 florins, 12 sols par an), et le 24 mai 1821, on clôt définitivement l'histoire religieuse de la confrérie, en remettant tout l'actif et les archives aux marguilliers de l'église St Charles, à Anvers, comme dit plus haut.

* * *

Si les confrères en saint Hubert ont ainsi pendant trois siècles lutté, sans répit, pour empêcher que des ennemis, aussi variés que rapaces, ne mettent la main sur les objets du culte, il faut l'attribuer, en tout premier lieu, à la foi ardente de nos pères. Mais cette foi était soutenue, il importe de l'ajouter, par des coutumes et des usages si intimement liés à l'histoire religieuse des confréries de saint Hubert, qu'il nous a paru nécessaire d'en faire un exposé assez détaillé.

Dès 1518, on trouve dans les statuts une disposition obligeant les confrères à participer au repas annuel du 3 novembre, après avoir assisté à la messe chantée en l'honneur de saint Hubert.

Aucune excuse n'était admise, „*geene excusen ter weerelt gereserveerd*", précise le texte, dans ce savoureux flamand du XVIe siècle, et

(1) La recette est libellée comme suit, en français, dans le Livre d'or : « Reçu de la part du Magistrat la somme de 631 florins 17 sols 1/2, provenant de la solde du compte précédent et de la vente des meubles faits de la part du ci-devant duc de Brabant. »

l'on ajoute, que les frais du repas seront calculés par tête, les absents payant comme les présents.

Le lendemain, jour de la messe de Requiem, la confrérie donnait un second banquet, non obligatoire celui-là.

Les archives de la confrérie nous donnent le relevé des plats servis à un de ces banquets, avec en regard le prix payé pour l'acquisition :

Viande de bœuf pour le hochepot, 21 sols.
Viande de mouton, 2 florins, 2 sols.
Deux chapons, 2 florins, 4 sols.
Un lièvre, 25 sols.
Quatre bécasses (*zweemen*), 5 sols.
Pour les saucisses dans les choux, 2 sols 1/2.
Lard pour larder le lièvre, 2 sols 1/2.
Une poule à bouillir pour le hochepot, 8 sols.
Gingembre, poivre et autres épices, 5 sols.
Une livre de cappaerts (1), 3 sols.
Une demi livre de sucre pour les sauces, 4 sols 1/2.
Choux de Savoie, 1 sol 1/2.
Raisins, prunes et citrons, 4 sols 1/2.
Une livre de marrons, 2 sols 1/2.
Trois livres 1/4 de beurre pour cuisiner, 9 sols.
Une 1/2 livre de dragées, 6 sols.
Pour pains blancs, 5 sols 1/2.
Pour des olives, 2 sols.
Nèfles, 2 sols.
Pommes et autres fruits, 4 sols.
Une livre de beurre frais pour la table, 3 sols.
Cierges, 7 sols.
Harengs saurs et harengs secs, 2 sols 1/2.
Salade, 1 sol.

Voilà pour le premier jour. Le repas du second jour comprend évidemmemt d'autres plats, notamment :

De l'églefin, 4 sols.
Du cabillaud, 12 sols.
Quatre bécasses, 5 sols.
Des châtaignes, 2 sols.
Petits pois, navets, potirons, 5 sols.
Pommes, poires et fruits, 3 sols 1/2.
Harengs secs et harengs saurs, 4 sols, 1 liard.
Salade, moutarde, vinaigre, 2 sols.
Pain blanc, 11 sols.
Payé pour chercher le vin, 1 sol.

(1) Kiliaan traduit « cappaerts » par « Lamia », sorte de poisson.

Deux tartes, 16 sols.
Un „Keisterlinck" (espèce de tarte), 8 sols.
Obelyen (oublies), 6 sols.
Location de l'étain, 8 sols.
22 pots de bière blanche, 38 sols 1/2.
8 pots de bière forte, 12 sols.
6 pots de bière faible, 6 sols.
55 pots de vin cherché à l'hôtel de ville, à 9 sols le pot, 24 florins, 15 sols.
Encore cherché 3 pots de vin à l'auberge „*In 't Cruis*", 33 sols.
Payé au „cock" pour cuisiner, 12 sols.
En tout 45 florins, 19 sols 1/2.

Dans cette longue liste, le vin et la bière figurent pour une large part. Aussi les statuts prévoient-ils sagement,que si pendant les repas ou les réunions, il surgissait des disputes, les parties devront laisser régler les conflits par le doyen et deux vétérans (*onder mans*) sous peine de trois florins d'amende, indépendamment du recours devant le collège des Bourgmestre et Echevins, frais à charge du perdant.

Le réglement, dont nous venons d'extraire quelques détails, se rapporte à la fête de la St. Hubert de 1577, c.-à-d. avant que la confrérie ne fut transformée en cercle à étiquette «noble».

Deux siécles plus tard, en 1768, il ne serait évidemment plus de bon ton d'engager un «cock» et de cuisiner à frais commun. Aussi voyons-nous les confrères se réunir à l'avance pour régler le protocole qui sera suivi à l'occasion du grand banquet qu'on donnera le 3 novembre,en l'honneur de saint Hubert et de son représentant sur la terre, Monseigneur l'Evêque d'Anvers.

Il est décidé, dit la délibération inscrite tout au long dans le livre d'or, «que la fête du prochain jubilé sera donnée à la «*Cour de Brabant*» chez la veuve Collaert, et on lui adjugera la table à un prix à fixer par tête. Il est en outre décidé que personne ne pourra se faire servir par son domestique, à part Sa Grandeur l'Evêque, et les deux Doyens en fonction.»

Cette année-là, par exception, les confrères peuvent inviter les Dames à table.

Cette résolution est signée par les confrères suivants, appartenant pour la plupart à des familles anversoises d'origine noble.

Jean François van Havere.
de Villegas de Borsbeeck.
D. H. van Beughem, marcgrave.
Dubois, dit van den Bossche.
De Villegas, chevalier.
Joseph Antoine Meyer.
Dellafaille.

van der Aa de Runderode.
Berthout van Mechelen.
P. H. Knyff.
J. Hubert Pelgrom de Breuseghem.
T. S. Dellafaille.
J. A. J. Roon.
De Bisthoven.
Comte de Hornes Geldorp.
Heupens.
Cogels.
Deneuf.
Cogels.
C. B. van de Werve.
van Schael, Deldelryck.
van de Werve de Giesen, oude kerk, Vorsselaere. &a
J. F. Knyff.

La manière d'écrire les noms a été respectée. On verra que la mode des petits *d* et des petits *v* était loin d'être généralisée dans la noblesse anversoise, en 1768.

La mode de donner une traduction française à des noms flamands sévissait encore à cette époque. M. Van den Bosch, devient Du Bois. Le nommé Jan Verdueren, devient Jean de la Verdure, et les lettres lui adressées, portaient la mention : Jehan de la Verdure, huissier de la Chambre des rentes sur la maison de la Ville d'Anvers,au dit lieu.(1)

Les époques de splendeur, et de marasme se reflètent fidèlement dans les comptes de la confrérie. En 1678, par suite des troubles religieux sans doute, le nombre des confrères se trouve si réduit et les temps sont si durs, que, par une délibération spéciale, les confrères décident, à l'unanimité, d'organiser à l'avenir les banquets sur un petit pied, savoir,à raison de 3 florins, sans le vin et la bière. (2)

Un quart de siècle plus tard, les années maigres sont de nouveau oubliées. Aussitôt la vie reprend chez les joyeux chasseurs. Ils oublient même un moment les prescriptions des statuts, limitant le nombre des confrères au chiffre maximum de 21.

Mais vite on délibère, et l'on décide, le 3 novembre 1706, de revenir au nombre de 21, en ne remplaçant pas les membres qui viendraient à décéder.

En 1793, en pleine ébulition révolutionnaire, les inséparables

(1) Edm. Geudens, op. cit. page 102. La plupart de ces «confrères» faisaient également partie de la confrérie de St Antoine. C'est sans doute à leur instigation, qu'en 1631, suivant l'exemple donné par la gilde de saint Hubert, la confrérie de St Antoine s'adjoint également le titre de « Noble » ?

(2) *« op den cleynen voet te weten à raison van 3 gulden voor ieder persoon voor cost te laeten tracteeren behalven den dranck van wyn ende beer die gene elcken confrere pro rate maer en sal hebben te betaelen boven de voorseyde 3 gulden. »*

confrères restent aussi fidèles aux traditions profanes qu'aux pratiques religieuses, et nous voyons même dans les comptes un des derniers doyens, Van Colen de Bouchout, mèler le profane et le religieux jusque dans... l'ortographe des mots "autel" et „hôtel" !

Nous copions textuellement :

Dépenses : décoration de l'hotel (sic) et les cierges	10 flor.	10 sols
Aux suivants et assistants de l'hotel (resic)	3 »	18 »
M. le maître de chant	31 »	10 »
Au boulanger (1)	2 »	16 »
Au «Knaep» (valet) de service à l'église	2 »	2 »
Pour coller les placards (2)	1 »	8 »
Servir le dîner	2 »	2 »
A Jean Baptiste Loos, pour les frais du diner	160 »	17 »
Aux domestiques de l'hotel	6 »	6 »

Si l'on veut se rappeler, que d'après les statuts, les comptes devaient être libellés et arrêtés avant la fin du premier jour des festivités de la St. Hubert, la distraction orthographique du bon Doyen Van Coolen de Bouchout est certes excusable.

II. — La confrèrie pieuse de St-Hubert à l'église St-Jacques à Anvers

Saint Hubert possède encore, à Anvers, un autre autel, qu'il partage avec saint Christophe, patron du *Turfdragersambacht* (corporation des porteurs du tourbe (1447-1863). Cet autel existe encore actuellement dans une chapelle spéciale à l'église St. Jacques.

Au-dessus de l'autel, on remarque un triptyque dont le panneau central représente la Sainte Trinité, adorée par les Anges et les Saints; et les volets, l'un, la vocation de St. Mathieu, et l'autre, la légende de St. Hubert, avec le cerf crucifère (côté intérieur). Sur la face extérieure des volets, on a peint St. Mathieu avec l'ange symbolique, et St. Hubert, en évêque, plantant sa crosse entre les cornes du cerf, couché à ses pieds.

En-dessous du panneau central, on voit trois petits tableaux : au milieu, le Christ sur la Croix, avec à ses pieds, Marie Madeleine, à droite, un prêtre en rochet, accompagné de deux laïcs, à gauche deux autres laïcs. Dans sa «*Notice sur les œuvres d'art de l'Eglise St. Jacques*, Van Lerius déclare que ces portraits représentent probablement le chapelain el les chefs de la corporation des porteurs de tourbe, en exercice en 1608. Ce tableau, ajoute Floris Prims (3) est effectivement daté de 1608.

---

(1) pour livraison du pain bénit, à distribuer aux confrères et aux chiens, comme remède préventif contre la rage.

(2) pour annoncer les offices au public.

(3) *Geschiedenis van Het Antwerpsch Turfdragersambacht*, par Floris Prims. Anvers. 1923.

On se demande pourquoi saint Hubert a été donné comme voisin à saint Mathieu, dans une chapelle élevée par une corporation, plutôt pauvre, et dont les membres ne s'intéressaient aucunement à la chasse. Le fait que saint Christophe, qui était le patron de la corporation, n'est pas représenté sur le triptyque, permet de supposer, que le choix de saint Hubert aura été imposé par un des doyens en fonctions en 1608, qui avait pour nom de famille «Huybrechts», nom qui se traduit en français par Hubert.

Le triptyque a été offert par deux généreux membres de la corporation, les nommés Pierre Van Mechelen et Pierre Vinck. Il est l'œuvre de Ambroise Francken, le vieux, né à Herenthals, qui exécuta également les tableaux ornant les autels des cordonniers, des boulangers et des meuniers.

Dans la même église St. Jacques, on rencontre encore, disons-le en passant, un autel consacré à saint Roch, patron invoqué contre la peste. La rage et la peste inspirant la même frayeur, la population avait une égale dévotion pour saint Roch et pour saint Hubert. Sur les médailles de confrérie délivrées à l'église St. Jacques, les deux patrons se trouvent représentés.

La confrérie de saint Hubert, établie à Saint Jacques, était une confrérie populaire, semblable à celles du même genre, qu'on rencontre un peu partout et dont, comme déjà dit, les membres ne se connaissaient guère entre eux, et appartenaient à tous les rangs de la société. (1)

La noble confrérie de saint Hubert de Malines (1702-1781)

Après qu'on aura pris connaissance des statuts et du fonctionnement des Ordres Nobles de St. Hubert, dont le premier date de 1422, et des «Gildes» qui se sont formées au XVIe siècle, on comprend mieux les coutumes et pratiques en usage, actuellement encore, dans certaines associations de chasseurs.

Ne pouvant passer en revue tous les anciens groupements, nous en avons choisi quelques-uns, en donnant la préférence à ceux qui se distinguaient par l'une ou l'autre particularité.

Sous le rapport de l'originalité, la *Noble confrérie de Saint Hubert* fondée à Malines, au début du XVIIIe siècle, mérite certainement d'être citée hors pair.

Parlant de cette confrérie, G. Willems, déclare, dans une étude, publiée en 1906, qu'elle n'était pas une confrérie proprement dite, les exercices de dévotion n'y tenant qu'une place secondaire. L'auteur

(1) Nous devons une partie de ces renseignements à M. Van Aelst, le très obligeant marguillier de l'église St Jacques. Le petit musée établi par ses soins dans une des salles de la sacristie, mérite d'être signalé à l'attention des archéologues.

conclut, que ce fut plutôt une société d'agrément, dont les organisateurs eurent un but caché, au moment de sa reconstitution.

Que pouvait bien être ce but caché ?

Obtenir, comme les confrères le déclarent du reste eux-mêmes dans leur requête aux autorités compétentes :

«*L'autorisation de pouvoir porter à l'exclusion de toutes autres, pour une marque de distinction et de décoration perpétuelle à la boutonnière de l'habit, une médaille d'or estoilée et émaillée avec l'adoration de St. Hubert d'un côté, en petit, et de l'autre un cornet conformément au model présent... bien entendu qu'elle ne pourrai* (sic) *être portée que par les gentilshommes membres de la dite confrérie.*»

Pour atteindre ce but, les confrères nobles de Malines gravissent péniblement — sous la conduite du comte d'Eynatten — le dur calvaire, réservé à ceux dont la boutonnière baille prématurément.

C'est l'histoire que nous conte trés agréablement, en quelques pages, G. Willemsen, et qu'il termine par la conclusion prévue : «que si l'on accuse, avec quelque raison, nos contemporains d'être avides de croix et de rubans, ils ont la consolation de pouvoir se dire qu'ils ont largement de qui tenir.» (1)

*
* *

La confrérie de saint Hubert, qui avait été fondée à Malines, en 1702, par Jean Michel Locquet, vicomte d'Hombeeck, avait vu, après un peu plus qu'un quart de siècle, le zèle de ses membres se ralentir considérablement et était presque tombée à néant. Vers 1750, quelques gentilshommes, s'adressèrent à l'abbé de St. Hubert, afin d'obtenir érection nouvelle de cette association. C'étaient : le comte d'Hombecque, le comte de Bergeyck, le baron de Kyau, commandeur de l'ordre Teutonique, de t'Sestich, seigneur d'Ophem, commune-maître de la ville et Province de Malines; le comte de Romrée, comte et seigneur de la ville de Jodoigne et de son territoire; le comte d'Upigny, gentilhomme de l'Etat noble de la Province et comté de Namur; van den Zype, échevin noble de la Ville et Province de Malines; le baron de Ruysschen; le baron de Moriensart; Coloma, baron de Seroux; della Faille; le baron de Gottignies; le baron de Selle; le comte d'Eynatten: et le comte de Licques.

Leur demande était fondée sur ce que l'ancienne confrérie n'avait jamais reçu de lettres d'institution, qu'ils désirent recevoir les règles qui doivent régir l'association et connaître la forme de la médaille ou cornet que chaque membre doit porter.

L'abbé de St. Hubert satisfait à cette demande par lettre-patente,

(1) *La Réorganisation de la Noble Confrérie de Saint Hubert de Malines.* Annales de l'Académie Royale d'archéologie de Belgique à Anvers, et reproduit dans le Bulletin du Cercle archéologique de Malines, Volume XVI, année 1906.

du 11 décembre 1730. Aux termes de celle-ci, l'association était agrégée comme confrérie noble, ou ordre quasi-équestre, à l'Archiconfrérie de St. Hubert, ayant son siège à l'abbaye même. Elle devait observer les règles que ses membres tireraient postérieurement, à leur gré, du modèle joint ou d'autres sources. Ils avaient donc liberté complète pour l'élaboration de leurs statuts. Cependant, ils devaient désigner un président noble parmi les associés déjà réunis, un chapelain-prêtre et un secrétaire. Ceux-ci prendront soin des intérêts de la confrérie. Le chapelain tiendra registre des noms de tous les associés à quelque condition, état ou sexe qu'ils appartiennent, mais les confrères nobles seront inscrits daus un registre spécial. Ces listes doivent être transmises annuellement pour être insérées dans les registres généraux de l'Archiconfrérie. Elles seront envoyées en même temps que les offrandes, s'il y en a. Celles-ci serviront à secourir les pélerins pauvres qui visitent St-Hubert. L'Abbé envoyait aussi les reliques du saint : une parcelle de ses sandales et un fragment de l'Etole. Ces reliques devaient être placées au bas d'un portrait ou de la statue de saint Hubert. Elles doivent être déposées dans une église ou une chapelle, pour y être vénérées par les fidèles. A l'envoi était joint un cornet en fer, appelé vulgairement «*Clef de St. Hubert*», ayant touché l'Etole, ainsi que les instructions nécessaires pour pouvoir appliquer la clef aux indigents. Les confrères sont autorisés à porter à la boutonnière un cor en or attaché à un ruban rouge liseré de vert.

Le 21 mars 1731, les reliques furent reconnues par le Cardinal-Archevêque et insérées dans un étui en argent, orné d'un couvercle en cristal. Procès-verbal fut dressé de cette cérémonie.

Le 25 juin suivant, les confrères fixèrent leurs statuts. En tête de ceux-ci, ils inscrivent cette devise :

N'est pas malheureux toute sa vie qui bien commence une fois.

La confrérie n'est composée que de gentilshommes d'ancienne noblesse; leur nombre est fixé à seize, mais il pourra, pour des motifs importants, et à l'unanimité, être porté à dix-huit. Dans ce total sont compris, le chef de la confrérie, le grand veneur et les deux directeurs.

A la confrérie sont attachés, un chapelain-prêtre, un trésorier et un secrétaire. Les reliques de saint Hubert sont mises en depôt, contre reçu, chez les Pères Capucins de Malines, et les associés se réservent le droit de les retirer en tout temps.

Ayant ainsi satisfait à toutes les prescriptions, religieuses et autres imposées par les lettres patentes de l'abbé de St Hubert, les confrères prennent soin de stipuler dans les statuts qu'ils se soumettent entièrement à l'Eglise Catholique Romaine, et ils ajoutent, que les membres de la confrérie doivent être présents à Malines le jour de la St Hubert. Ils assisteront, sous peine d'amende d'un écu, à une messe solennelle qui sera célébrée le même jour, et aux cours de laquelle les reliques seront exposées, données à baiser et du pain bénit distribué.

Le soir, les confrères participeront à un souper fruga', *sans excès ni profusion*, et entre eux seulement. Les absents payeront une amende d'un écu.

Dans la huitaine, les associés se réuniront de bon matin dans une église à désigner par les directeurs, pour y entendre la messe, baiser les reliques, et aller ensuite ensemble à la chasse, sous peine d'un écu d'amende pour les absents.

Aussitôt la chasse terminée, ils se rendront à l'endroit désigné, pour y manger ensemble le gibier abattu. On se mettra à table, sans attendre les absents, qui sont passibles d'une amende de deux escalins.

Le lendemain de la chasse, il sera célébré une messe pour le repos de l'âme des confrères défunts. Les absents et les retardataires sont passibles d'une amende de deux escalins.

Il y aura deux assemblées générales par an, l'une à la Chandeleur, l'autre à la Noël. Les absents payent deux escalins.

Tous les confrères vivront entre eux en frères et en bons chrétiens, sans se formaliser, sous peine d'amende arbitraire à prononcer à la majorité des présents.

Tous doivent *constamment* porter à la boutonnière la médaille d'or bénite et ayant touché la sainte Etole, sinon ils encourent une amende de deux escalins.

Comme on le voit, il ne s'agit plus du port du simple cornet symbolique en or autorisé par les lettres patentes. Le port de cette décoration devient *obligatoire*, et plus tard on imite même les usages des cours, en imposant, en cas de décès d'un confrère, le port, pendant quarante jours, de la médaille attaché, à un ruban noir, en signe de deuil. Le tout sous peine d'une amende de deux escalins.

Toutes ces prescriptions semblent avoir si fort excité le goût du port *permanent* d'une décoration, que le 12 octobre 1731, les confrères se décident à envoyer collectivement un placet à l'Electeur Palatin, Grand Maître de l'Ordre de St Hubert, par lequel ils sollicitent en réalité l'institution d'une décoration officielle en faveur des confrères de la confrérie de Malines.

Ils font d'abord valoir qu'ils ont voulu rendre à l'association son ancien lustre, en remplaçant la *confrérie populaire et méprisée, par une confrérie de gens de condition, à l'exclusion de toute roture*. Ils demandent ensuite, assez timidement, que l'Electeur veuille agréer leur confrérie *comme Grand Maître de l'Illustre Ordre du même Saint, avec telle modification, restriction ou ampliation qu'il plaira*.

Cette requête est plus vague que les textes de différents brouillons. Ceux-ci sont beaucoup plus explicites et parlent d'accorder telle marque de décoration ou de distinction qu'il plaira à Son Altesse Sérénissime Electorale Palatine (S.A.S.E.).

Voilà le but clairement avoué et les confrères sont si convaincus du bon accueil qui sera réservé à leur placet, qu'ils autorisent à l'avance leur correspondant à tirer sur eux une somme de soixante louis d'or, dès qu'il leur aura fait parvenir le brevet signé et entériné (1).

Mais l'affaire n'avançant pas, les confrères estiment qu'il y a lieu de diminuer leurs prétentions, comme on peut le voir par la lettre datée du 18 juin 1732, que le vicomte d'Upigny — c'est lui qui semble avoir mené la campagne — envoie au comte d'Eynatten :

escris cette à comte d'Eynatten

le 18 juin 1732.

Monsieur

iaij receu la lettre obligeante que vous m'avez fait l'honneur de m'escrire du 6 de ce mois, ie voudrois Monsr mériter par quelque chose de plus réele vos bontés et vos estimés, ie vous assure bien que ie me fait une peine des plus sensible de voir trainer nos affaires, vous devez se me semble pousser nos gens à mettre le plustot possible nos débats en estat pour en avoir tout de suite le jugement avant les grandes vacances. Nos Messrs vous rendent bien des graces de la bonté que vous avez pour eux.

iaij l'honneur de vous envoier par la présente leur lettre, leurs intentions secrètes, le placet pour le prince, les duplacatas légalles des patantes de l'abbé et de nos régles.

Personne de nous n'est informé à fond comment l'ordre de St Hubert est composé, on veut qu'il n'ij a que des grands croix et des commandeurs, nous ne demandons nij l'un, nij l'autre.

S'il n'y a pas de simples chevaliers nous ne pourrons pas demander de croix ; s'il ij en a, en demendant la croix on seroit par là incorporé et immatriculé dans l'ordre.

Supposant la chose dans ce dernier cas, l'on doute si nous pourrions porter icij cette croix sans en avoir l'agréation du Maître, ij aijant dit-on des anciennes ordonnances à ce sujet, autre chose estant de la porter comme particulier ou de la porter comme formant un corps, à ce que nous croions.

Si l'on ne peut avoir de croix l'on seroit tousiour content de la protection du prince dez qu'il voulut accorder de pouvoir porter une médaille avec l'adoration du Saint d'un côté et de l'autre côté un cornet gravé à double cantons et que cette médaille fust placée au milieu d'une estoille émaillée. L'abbé de St Hubert pourras nous informer de tout cela ; il est souvent absent, pourveu qu'il soit chez luij lorsque vous verrez Mr de Ste Ode.

ie ne pense pas pas que vous este d'humeur non plus que nous de risquer gros pour obtenir un lustre et décorer notre Confrairie, nous avons signé le placet à treize, aijez la bonté de le signer aussi, pourveu que tout compris nous puissions en estre quitte pour huict ou dix louis par teste, ce n'est pas là une affaire, nous nous reposons là dessus sur votre bon jugement, il ne faut cependant pas gâter une omelette pour un œuf.

Si nous obtenons il faudrait après la chose obtenue disposer s'il estoit possible le prince à donner une lettre de recommandation pour notre Archiduchesse en notre faveur, cela feroit merveille pour en avoir une prompte agréation.

ioublie de vouloir vous prévenir de ne pas vous ouvrir à M[r] le baron de Fournaux qui est chambellan chez l'Electeur, parce qu'il est en procès contre le Comte de Licques et pas bien avec le Comte de Bergeijck et ne seras pas mauvois crainte de traverse de s'en méfier un peu.

Nous Messrs assurent avec Meij Mad[e] la comtesse d'Eijnatten de leur respect et vous sont comme iaij l'honneur d'estre

Monsieur etc.

Ma femme est à Gand.

(1) Tous les documents et lettres auxquels se réfère Willemsen, reposent aux archives de l'Etat à Gand. (Don de Nève de Roden, Liasse 257.)

Il résulte du texte de l'étude de Willemsen qu'il n'a pas consulté les archives de la confrérie déposées aux archives de la ville de Malines. Celles-ci comprennent deux regi stres contenant les délibérations, correspondances, comptes etc. Grâce à la ser viabilité de M. l'archiviste Dierickx, nous avons pu compléter l'historique de la si originale confrérie malinoise.

Bien que la lettre soit déjà assez explicite, les confrères précisent encore leurs désirs dans une instruction *secrète* jointe à la lettre destinée au comte d'Eynatten.

Voici la copie textuelle du document :

Instruction secrète.

Monsieur, très cher et honoré Confrère,

Vous ne trouveré pas mauvois que la présente serve à vous détailler et instruire spécifiquement de nos intentions en suict de la prière que nous vous faisons par nostre lettre portant date du présent jour.

En premier.

L'intention unanime est que les despanses et fraix de vostre voiage à Manheim serons communs, et nous vous prions d'en tenir un mémoir pour en faire la répartition sur nous.

En second.

Nos intentions seroient de demander la croix de St Hubert dans la pensée et supposition où nous sommes qu'on veuille nous l'accorder gratuitement, excepté quelques menus fraix de depesche, et la valeur intrinsèque de la croix, car si pour obtenir la permission de porter cette croix l'on devoit l'achepter à bon denier contant, ou si elle devoit nous engager à des cérémonies, embarras et engagements personnels, nous ij renoncerons plustôt, et nous nous bornerons aux termes du placet pour qu'au moins S. A. E. voulut lustrer nostre confrairie de sa protection, ou bien que S. A. E. en accordant sa protection à nostre confrairie il donne et permette / : à ceux qui la composent ou qui la composeront à la suite au nombre et au pied de nos règles : / le pouvoir de porter la croix pour une marque perpetuelle de distinction sans rien de plus, par ce moijen nous serions maîtres de remplacer les places manquantes, nostre confrairie resteroit confrairie, et ceux qui la composeroient pourroient sans estre obligés à rien, porter cette croix en tous paijs. Sur tout quoij nous vous demandons en grace de vouloir reflechir avant tout et d'en prendre l'avis, comme aussi de scavoir premièrement l'estat de la santé de l'Electeur, car s'il se trouvoit indispoté il ne seroit point accessible, son grand âge nous doit même faire presser la chose.

Donnez nous s'il vous plait avis du résultat de l'abouchement que vous aurez avec l'abbé de St Hubert peut estre pourras il nous esclaircir sur bien des choses.

Plus de six mois se passent et la décoration tant désirée n'arrivant toujours pas, les confrères s'adressent à l'Abbé de St Hubert, par l'intermédiaire du comte d'Eynatten. La réponse que l'Abbé envoie à ce dernier constitue une véritable douche... diplomatique. Qu'on en juge plutôt :

St Hubert 6 fev. 1733.

Monsieur,

Je suis dans la disposition de rendre tous les services que je pourrai à Monsieur votre parent et à ces Seig[rs] de Malines. Je me chargerai volontiers du placet qu'ils veuillent présenter à notre S[me] grand maître et je le solliciterai, comme j'espère efficacement. Je ne pourrai cependant aller à la Cour de l'Electeur au mois d'Avril comme je l'avais cru, parce que mes affaires me reculeront pour quelques mois. Je compte cependant d'aller au Palatinat pendant le cours de cette présente année. Vous sentez, Monsieur, qu'il n'y a que des Souverains qui sont en droit d'ériger des ordres de chevalerie et qu'ils ne peuvent en instituer hors de leurs souveraineté. J'entens des corps entiers et séparés comme seroit celuij de Malines. L'Electeur même ne pourroit les aggréger que comme composans une seconde classe et dans ce cas il conviendroit d'avoir la permission de l'Empereur pour instituer un ordre dans ses Etats, et l'Empereur avant l'octroij pourroit renvoyer le placet à l'avis de l'Electeur, comme protecteur à choisir de ce nouvel ordre et à moij comme aijant bien voulu aggréger ces messieurs à notre archiconfrérie dont je suis l'unique maitre par les Bulles que nous avons de Rome. L'ordre illustre de St Hubert qui a été érigé dans le Palatinat dans le quatorzième siècle a eu besoin d'être approuvé par l'abbé de St Hubert, comme étant sous l'invocation d'un Saint dont le corps est chez nous. En l'an 1708 le même a été renouvelṭé par l'Electeur palatin après avoir demandé une agréation de Monsieur mon devancier qui l'a accordé de bon grace en envoijant des reliques de St Hubert à S. A. E. avec des lettres en forme par lesquelles on s'oblige de chanter tous les ans une messe solemnel le jour de l'Octave de St Hubert pour les Chevaliers vivants et le lendemain un service solemnel pour les morts, et Sa d[te] Altesse S[me] etc., a assigné une rente de deux cents écus du Rhin sur le Haut-Palatinat pour l'entretien de notre hopital, dans cette création de rente l'Electeur ajoute une lettre de remercimens et promet sa protection à notre Abbaye et à notre Terre. Si ces Messieurs veuillent premièrement s'adresser à l'Electeur le placet pourroit être dressé d'une autre façon, et s'ils veuillent au contraire s'adresser à l'Empereur ou en attendre la ıéponse, au surplus je me prêterai de bonne grace à les servir et à moins qu'ils n'aijent une puissante protection à la Cour je ne prévois pas qu'il soit facil d'ij réussir en écrivant. Les negotiations s'avancent plus facillement quand on peut parler et s'expliquer avec le Souverain. Si ces Messieurs veuillent se donner patience je les avertirai lorsque j'irai à Manheim et je me ferai un vraij plaisir de les servir. J'en aurai toujours un véritable lorsque je pourroi, Monsieur, vous être bon à quelque chose et vous témoignez qu'on peut vous honorer plus parfaitement que maij puisque je suis plus homme du monde.

Monsieur

Votre très humble et
très obéissant serviteur
Celes·in, abbé de St Hubert.

Le conseil émis par l'obligeant abbé de St Hubert de s'adresser à l'Empereur d'Allemagne, chef suprême de l'Ordre, est plus facile à donner qu'à exécuter. Ne sachant pas trop comment s'y prendre, le vicomte d'Upigny prend le sage parti d'écrire, le 17 février suivant, au confrère, le comte Coloma, alors à Vienne.

On assiste, dans cette lettre, à l'entrée en scène d'une dame bien en cour, à ce qu'elle prétend du moins. C'est sur ses conseils, dirait-on, que les chers confrères semblent avoir eu recours au nerf de la guerre, dans le but évident de forcer les portes des chancelleries. Cette dernière arme, bien souvent si efficace pourtant, ne semble pas avoir mieux porté que les autres, d'après ce qui ressort de la lettre qu'adresse le vicomte d'Upigny au comte Coloma, alors à Vienne :

Escris le suivant à Mr Coloma à Vienne
le 17 febr. 1733.

Monsieur,

ie conte que vous aurez receu ma lettre datée du 25 X[bre] dernier puisque dans le même temps que l'honneur de la vostre du 27 du même mois m'at esté rendeue, le pressentiment dont ie vous faisoit mention ne faillit pas dans l'essentiel, vous ne le trouverez retardez que de peu de semaines. Il se confirme entièrement icij, ie le saij d'une personne de la première classe qui nous honore beaucoup de sa bonne amitié, ie vous nommerais les masques, c'est Mad[e] la comtesse d'Hoensbroeck tante à Mad[e] de Visconti et au comte de Kinskij, ambassadeur de l'Empereur, elle le aaij du vieux et du nouveau ministre et de l'ambassadeur, les obstacles ont estés levés à l'arrivée du Comte d'Harragh, et selon ma petite pensée vous avés surmonté certain motif sonnant que l'on offroit, autant plus glorieux vous seras il, Monsr, d'estre le vainqueur de ce puissant métal parquoij ie vous en fait bien mon compliment.

Vos lettres m'ont plusieurs fois poussé, Mon[r], à vous faire naitre les moiens de n'en point demeurer à une simple bonne volonté à mon esgard, ie n'en ait point abnsé et ie ne vous ait point esté importun, cependant avant que vous ne partiez de Vienne iaij une grace à vous demander qui me regarde comme membre d'une société dont les uns sont nos proches, la plus saine partie des autres nos bons amis, nous sommes touts indubitablement persuadés que deux mots d'un homme comme vous ioints à votre puissant crédit ferons notre affaire à petits fraix, si vous voulez bien vous ij emploier de la bonne façon. Voicij le fait : nous avons depuis longues années une confrairie de St Hubert establie à Malines, aijant touts esté frappés des miracles visibles que l'on voit arriver par l'invocation de ce grand Saint, nous avons entrepris de la relever plus glorieusement et au lieu d'une confrairie populaire, la rétablir en gens de condition, pour cela nous avons obtenut l'onze Xbre 1730 de l'abbé de St-Hubert / : comme dépositair du corps de ce grand Saint : / des patantes par lesquels il nous at aggregés à leurs archiconfrairie establie à St-Hubert par les bulles de différents papes scavoir par celles de Nicolas 4e, d'Innocent 4e, de Julle 2e, de Léon 10e, de Clément 7e, de Grégoir 13e et d'Innocent 11e, l'abbé nous at envoié à même temps des reliques du Saint pareilles à celles qui ont estés envoiées à l'électeur palatin losqu'il at renouvellé l'illustre ordre de St-Hubert en l'an 1708, l'abbé nous at encor envoié à chacun un cornet d'or / : bénit et touché à la Ste Estolle : / que nous portons tous, nostre cardinal archevesque at aprouvé et signé ses patantes et aijant luij même fait l'ouverture des reliques il les a posés dans un reliquair / : cacheté de ses armes : / que nous avons mis en dépôt aux capucins de cette ville, de façon qu'il ne manque plus rien la dessus pour le spirituel. Nos désirs seroient à présent de pouvoir donner un lustre quand au temporel à notre confrairie pour la rendre parfaite, à quel effect nostre intention seroit de présenter un placet très-humble au Conseil-Suprême des Pays-Bas à Vienne pour supplier S. M. I. et Cathe nostre Auguste maitre de vouloir la lustrir de sa sublime agréation, luij demandant la permission de nous addresser a S.A.S.E. pour qu'il voulut comme maitre de l'illustre ordre de St-Hubert nous accorder sa protection avec telle marque de distinction qu'il voudras bien nous donner, suppliant aussi S.M.I. et Cath. de vouloir bien nous permettre comme ses très soumis suiets de iouir et de porter dans ses estats ses marques de distinction à obtenir de l'Electeur palatin. Si vous voulez bien vous presser à notre demande nos avis sont d'en obtenir l'effect par une apostille ou décret de S. M. I. et Cathe sans devoir passer / : pour une aggréation et simple permission que nous demandons / : par des droits de scels et autres qui nous seroient trop freijeux, ie vous demande en grace de vouloir bien en faire dresser le placet parce que nous pourrions bien légèrement manquer icij à quelques formalité par inattention ; nous avons un puissant patron à la Cour palatine, après la permission obtenue de S. M. I. et Cath. nous demanderons à l'Electeur comme grand maitre de l'illustre ordre de St-Hubert sa protection pour notre confrairie avec telle amplication et marque de distinction qu'il voudras nous accorder. Nous ne doutons pas d'en obtenir une médaille distinguée pour une décoration perpétuelle, parmi quoij nous sortirons du peuple, estant permis à un chacun de porter par dévotion un cornet à la boutonnière. Nous avons fixé nostre société à 16 ou 18 tout au plus, nous sommes à présent à 14 que ie vais vous nommer suivant l'ancienneté de leur réception : le comte d'Hombecque, le comte de Bergeyck, Mr de 't Sestigh, le comte de Jodogne, le vicomte d'Upignij, l'eschevin van den Zijpe, le bourguemaitre Duiardin, le baron de Ruijsschen, le baron de Moriansart, le baron de Seroux, Mr della Faille, le baron de Gottignies, le comte d'Eijnatten, le compte de Licques, de façon que nous avons encore 4 places ouvertes, nous avons beaucoup de postulants, mais nous ne remplirons pas les places avant nos affaires finies, c'est une société de braves gens et qui n'est suiette à aucune depanse, l'essentiel de nos statuts est de chercher à règler notre vie sur celle de notre grand Saint, de faire chanter touts les ans une messe le jour de St-Hubert pour les confrères vivants et une service pour les défunts, d'aller une fois l'année à la chasse et de souper une fois ensemble très frugallement.

Nous espérons que vous ne nous refuserez pas la grace que nous vous demandons et moij en particulier qui a l'honneur d'estre plus que personne etc. etc.

. . . .

Permettez qui iassure Made la comptesse Coloma de mes respectueux compliments. Made d'Upignij vous en fait et à Made autant.

Le comte de Coloma s'empresse de convaincre son cher confrère, vicomte d'Upigny — avec les réserves d'usage — que les promesses dont il a fait état n'ont jamais existé que dans la trop fertile imagination de sa très distinguée correspondante.

Aussi le comte Coloma se borne-t-il, dans sa réponse du 14 mars 1733, à envoyer une provision d'eau bénite — de cour — à ses amis de Malines.

Monsieur,

Je doute fort que l'Ambassadeur, le vieu et le nouveau Ministre aient fait à une Dame la confidence que vous me marquez par votre chère lettre du 16 de février : car pour l'Ambassadeur je suis presque certain qu'il n'en sçait rien : et le vieu Ministre avec qui j'ai eu une conférence de trois heures s'est borné a me promettre que dans la lettre qu'il écrivoit pour lors à l'Archiduchesse gouvernante, il s'étendroit sur ma prétention : d'ou je ne puis tirer autre chose si non que la cour de Bruxelles ne m'étoit pas encore entièrement favorable : peut-être en a-t-il été lui-même la cause, et mon soupçon est fondé sur ce que je suis informé de bonne part que Monsr van Volden comptoit fort sur lui, et qu'il s'est même plaint de ce qu'il lui auroit conseillé de se mettre au rang des prétendans, et de ce qu'il l'auroit mis en compromis devant le public. Je veux croire pourtant qu'il ij a aussi été entrainé par d'autres, qui me croient moins complaisant que lui ; car ils ne peuvent avoir d'autre raison pour vouloir me donner l'exclusive, puisque je ne pense point d'avoir desobligé âme au monde avant mon départ des Pays-Bas. Le pis qu'il y a pour moi c'est que la plus part de ceux qui environnent S. A. S. ne me connoissent point, à cause que je suis parti des Pays-Bas dans le tems même qu'ils ij sont arrivés : mais si je parviens jamais à mon but (comme j'ai tout lieu de m'en flatter) je tâcherai de me conduire d'une manière qu'ils seront contens de moi. J'en eu ci devant autant et plus d'amis qu'un autre : la mort pendant une si longue absence m'en a enlevé un bon nombre : il faut que je songe à le remplacer, et j'ai résolue de venir au devant de tous pour ij réussir.

Que ne ferois je donc pas pour vous, Monsieur, qui êtes un de ce petit nombre d'anciens amis qui me restent ! mais que puis je faire ici à Vienne pour vous, où rien ne se fait que de concert avec S. A. S. ? La volonté de notre très Auguste Maitre est si positive là dessus, qu'il n'est pas même permis aux corps et communautez de s'addresser directement à S.M., beaucoup moins à des particuliers : la règle étant générale que toutes les requestes doivent être présentées à S. A. S. laquelle y dispose, ou les remet à notre conseil, comme Elle se trouve convenir : de sorte que ce conseil n'en admet jamais d'autres que celles qui ij viennent par cette voije, ou par ordre exprès de S. M. Ce fait est si notoire que je suis surpris qu'on trouve encore des gens qui n'en sont pas pleinement persuadés. Cette erreur pourtant a souvent produit un fort mauvais effet à mon égard; par rapport que plusieurs se sont mal à propos addressés à moi, faute de connaitre la carte du pais, qui s'imaginent que je ne lis ai renvoiés à S. A. S. que pour me défaire de leurs affaires, et m'en accusent d'avoir eu peu d'empressement à les servir. Et comme je m'attens qu'après mon retour plusieurs s'addresseront encore à moi, pour que je leur procure des protecteurs à Vienne, lorsque la vérité qui n'est qu'une en tout lieu, m'obligera à leur tenir le même discours ; je prévois qu'ils m'accuseront pour lors, que je les renvoie à S.A.S. par pure politique et uniquement en vue de lui faire ma cour.

Une chose qui me console est que les octrois pour érection des nouvelles confrairies viennent d'être attribués au conseil privé : de sorte que j'ai lieu d'espérer que je pourrai vous rendre service lorsque je serais au pais, si l'on me fait la grâce d'être à la teste de ce conseil : sur quoi je ne puis chanter victoire avant le tems, car les grandes apparences qu'il y a d'une bonne réussite, ne laissent pas de me faire paroitre pour suspect ce terrible delai dont on se sert pour ne point se déclarer. Je crois à la verité que j'en ai approfondi le mistère, mais je crains de m'ij tromper. Faites bien mes compliments je vous prie à Madame la Vicomtesse d'Upignij, et ceux de mon Epouse, de même qu'à Monsr le Comte de Romrée, et à la plus saine partie de votre dévote société, et compter que je ne cesserai jamais un seul moment d'être

Monsieur

Votre très humble
et très obéissant serviteur
J. A. Comte de Coloma.

Vienne, le 14 mars 1733.

Après avoir ainsi été renvoyés d'Hérode à Pilate avec leur requête, qui ne conclut pourtant plus qu'à l'octroi d'une maigre décoration de chevalier de deuxième classe, les confrères se retournent de nouveau vers l'accueillant abbé de St Hubert, mais celui semble avoir perdu toute confiance dans la bonne issue des démarches, sinon il ne répondrait pas aux confrères nobles de la confrérie de Malines par l'intermédiaire d'un tiers, M. Gerbays, de Bouillon.

Monsieur et cher Cousin,

J'arrive de St-Hubert où j'ai conféré avec Monsieur l'abbé sur notre affaire, il est très disposé à la proposer et à la demander. Voicij la façon dont il souhaite que le placet soit fait.

L'abbé de St Hubert aijant obtenu du St Siège la permission d'ériger dans son esglise l'archiconfrérie de St Hubert à cause que le corps du Saint ij repose tout entier, est seul le maître de permettre ailleurs des confréries à l'honneur dudit Saint. Messieurs les gentilshommes de Malines touchés des miracles continuels qui s'ij font ont eu la dévotion de renouveler l'ancienne confrérie du Saint establie dans leur ville, ils se sonts à cette effet addressés à l'abbé moderne qui a bien voulu leur expédier des lettres le 1730 en faveur de la noblesse seulement et les honorer des reliques qui ont été vérifiées par Son Eminence. Ces Messieurs portent un cornet d'or à la boutonnière, marque très commune de dévotion dans le pais et qui ne les distingue pas assez, ils supplient S.A.S.E. en qualité de grand maitre de l'ordre de St Hubert de vouloir prendre lesdits gentilshommes sous sa protection et leur ditte confrérie, leur fixer le nombre et leur permettre de porter des croix émaillées qui représenteraient d'un costé l'adoration de St Hubert, de l'autre un cornet en relief, que ces Messieurs soient sensés comme ch^rs de St Hubert de la s^de classe et seront nommés et receu par ledit abbé, grand aumonier de l'illustre ordre de St Hubert, au nom et comme député de S.A.S.E., ils se chargeront s'il est necessaire d'obtenir l'agréation de S. M. Impériale. Voilà, Monsieur mon cher Cousin, ce que j'ai pu obtenir, mandez moi votre pensée là dessus, mais au plustôt, parce que je pars pour le régiment le 24 du mois, ou bien addresser — en quartier à Pont à Bussij — à Laffaire en Picardie.

Au cas que ce projet vous convienne, M^r l'abb vous donnera avis du temps qu'il ira à Manheim et je ne doute pas qu'il ne reussisse dans sa proposition.

J'aij l'honneur d'estre avec mon zèle et ma passion ordinaire

Monsieur mon cher Cousin

Vostre trés humble et
très obéissant serviteur
Gerbaijs.

à Bouillon ce 10 avril 1733.

Le 16 mai suivant, un émissaire spécial part pour „*Brussel*" avec le nouveau placet, daté du 13, mais dont le texte n'est pas donné par Willemsen. Il se borne à reproduire le résumé qui accompagnait le „mémoir" que voici :

Memoir pour Brussel.

De s'informer à fond si S. A. Sere^me ne peut pas de son authorithé donner la permission de s'addresser à l'électeur palatin à l'effect demandé, sans pour ce devoir retour retourner à Vienne.

Au cas que non

A Son Al^ze Ser^me

Le placet a présenter à S. A. Ser^me à Brussel pouras contenir :

Les membres de la Confrairie de St-Hubert establie depuis longues années à Malines, composée à présent de treize à quatorze gentilshommes supplient très-humblement S. A. Sere^me de vouloir bien leur accorder la permission de s'addresser avec le plus soumis respect à Sa Majesté Impérialle et Catholique pour qu'elle voulut aggréer et leur permettre de demander à S.A.S.E. palatin comme grand maitre de l'illustre ordre de Saint Hubert sa protection pour leur confrairie avec une décoration telle qu'il voudras leur accorder et dont il leur seras permis de iouir.

Mis au net cette req^te le
16 maij 1733.

Ce nouveau et dernier placet n'eut — faut-il l'ajouter — pas plus de succès que le premier, si chaudement appuyé pourtant !

Mais les chasseurs en général sont des philosophes, et ceux de Malines le prouvent en prenant la résolution de faire comme le sage : quand on n'a pas ce qu'on aime il faut aimer ce que l'on a, ce qui se traduit en langage de chasseur par : faute de grives on mange des merles.

Le merle, en l'occurence, c'était la pauvre médaille, dont les statuts, approuvés par les abbés de St Hubert autorisaient le port, mais dont les confrères avaient remis la frappe à plus tard, espérant bien pouvoir remplacer la médaille — si vulgaire — par une croix d'un ordre authentique.

C'est ce qui résulte du moins des comptes de la noble confrérie : A l'occasion de l'assemblée du 10 novembre 1734, donc postérieurement à l'échec des démarches faites pour l'obtention d'une décoration de chevalier de St Hubert il „*est résolu de rembourser Monsieur le vicomte d'Upigny de la somme de cinq écus, qu'il a déboursé pour le model de la mèdaille.*"

Dans un inventaire, malheureusement non daté, on trouve, sous le n° 12, la mention suivante :

„*Une médaille de cuivre servant d'estampe pour les médailles d'or*".

Il s'agit évidemment ici du „modèle", ou matrice, servant à la frappe de la médaille.

Nous ne sommes pas parvenus à découvrir un exemplaire de ces médailles. Il est à présumer qu'il n'en aura été frappé qu'un nombre égal à celui des membres (quatorze). Ceci expliquerait leur rareté.

L'auteur de l'étude, G. Willemsen, n'a pas été plus heureux que nous dans ses recherches. Il se borne à signaler que M. de Nève de Roden lui a dit, il y a 25 ou 30 ans (ceci s'écrivait en 1907) que des exemplaires en or de ces médailles de St Hubert entourées d'un cor, ont été vendues pour la somme de 225 francs à la mortuaire de M. le comte de Bergeyck, à Malines. Il parle aussi d'un cornet-insigne.

Cette note n'a toutefois pas été reproduite dans le bulletin du cercle archéologique de Malines, pas plus que le cliché représentant le cornet que le chevalier Emile de Nève de Roden croit être l'insigne primitif de la noble confrérie de saint Hubert de Malines. Ce cornet provient de feu Madame de Nève, qui était comtesse de Coloma.

Cet insigne est en corne. Toutes les garnitures sont en vermeil. La pointe est recouverte d'une plaque, dont la base est formée d'un feston, et le sommet d'une boule parsemée de boules minimes. Près du pied on rencontre une bague en rouleau retenant la chaînette de suspension. Le pavillon est extérieurement recouvert d'une bague en vermeil, ornée de rais de cœur, accrochant également la chaînette de suspension. Le creux du pavillon est recouvert d'une plaque en vermeil, figurant un petit bonhomme jouant de la guitare. Vers le milieu du cornet se trouve une bague découpée de part et d'autre en trèfles et tranchée dans sa partie médiane par un rouleau. Cette disposition spéciale, dit la note, permettait d'utiliser le „cornet-insigne", comme un sifflet.

Il est certain que les confrères attachaient un grand prix à leurs médailles et qu'ils veillaient avec un soin jaloux à ce qu'elles fassent retour à la confrérie, en cas de décès du détenteur.

« Le 3 de novembre 1736, étant le jour de St Hubert, est résolu, disent les archives de Malines (pièce n° 5), une fois et à toujours, d'une voix unanime, que lorsque un des messieurs confrères de la noble confrérie de St Hubert viendra à décéder ou quitter la confrérie que les dits Messieurs, ou leurs veuve et héritiers seront obligés de restituer à la susdite confrérie la médaille d'or bénite à l'honneur de St Hubert, gratis, bien entendu que lorsqu'il y entrera un nouveau confrère en la susdite confrérie, il serait obligé de payer la valeur intrinsèque de l'or que la dite médaille pèsera et en après on lui mettera en mains, tenant cette résolution pour ferme et stable, comme si elle fût insérée dans les règles.

Un confrère étant venu à décéder et la médaille n'ayant pas été restituée, la confrérie intente, en 1752 un procès, à la veuve du comte de Licques :

A la Cour,

Remontrant très humblement, les Messieurs Confrères de la Confrérie de St Hubert, que Monsr le Comte de Liques étant venu à décéder et qu'il était un des membres de la Confrérie susdite, comme l'on pourra voir par la copie authentique des résolutions ici jointe, par lesquelles chaque confrère s'est obligé unanimement de restituer la médaille d'or bénite à l'honneur de St Hubert, à l'effet de quoi ils se sont adressés à Madame la Veuve du susdit comte défunt pour avoir restitution de la susdite médaille, ce qu'elle n'a voulu faire, à cause que la maison mortuaire, étant sous bénéfice d'inventaire, les remontrans se retirent vers la Cour. La suppliant très humblement de vouloir accorder la restitititutlon de la susdite médaille, et de vouloir ordonner à ceux qu'il appartiendra de remettre la médaille en main des proviseurs de la dite Confrérie, puisqu'ils la réclament comme un bien qui leur appartient, quoi faisant, étaient signés

F. R. De F. Sestich.

F. A. Della Faille.

Les Suppliants pourront faire leur demande au rôle. Fait à Malines, le 13 décembre 1752.

Etait signé J. N. de Robiano.

En conpulsant le livre des comptes notre attention a été attirée sur une résolution singulière, datée du 4 février 1745, et relative au port de la médaille, pensons-nous :

„*Est resolu unanimement de faire faire du ruban la quantité d'une grosse scavoir douze Douzaines d'aulnes. Monsieur le baron de d'Ovorst et Pellenberg s'en est chargé.*"

Cent quarante quatre aunes de ruban pour les décorations de dix-huit sonfrères.

Cela fait exactement huit aunes, ou cinq mètres soixante centimètres par tête, ou de quoi faire des „grands cordons" pendant un siècle ! Quand on prend du galon, dit le proverbe, on ne saurait trop en prendre.

*
* *

Mais ce n'est pas la seule découverte joyeuse que permet la lecture des archives malinoises. Le chapitre relatif aux soupers, diners et parties de chasse est émaillé de piquantes citations.

Durant le règne de M'her Jan Michel Locquet, *Riddere Burghrave van Hombeke in Brabant, Heer van Impele, van den broecke &a veld-oversle van een regiment Waelen te voet Schouteth der Stadt ende Provincie van Mechelen, Commandant opperhoofd ende Beschermer der vrywillighe vergaederinghe van den Heylighen Huybrecht binnen de voorschreve stadt den 9 november 1704*, un personnage considérable, comme on voit, rien que par son titre d'Ecoutête et de commandant d'un régiment de Wallons à pied, la confrérie s'était donné un règlement (1) qui ne différait que par quelques détails de celui qu'adopteraient les „gentilshommes" qui reprendraient, en 1730, la succession de la „*Vergaederinghe*" ou association de St Hubert, de 1704.

En dehors des obligations religieuses connues, les premiers confrères de 1704 s'engageaient à participer, sous peine d'amende, à quatre parties de chasse et à se réunir trois fois par an : aux environs de la Saint-Hubert, du Jour des Rois et à la fin du mois de juin.

Que ces réunions étaient aussi animées que bien suivies démontrent amplement les dispositions spéciales des statuts stipulant qu'il était défendu de jouer aux cartes et de se lancer des „*injuren, insolentien*" ou autres mots blessants. Le tout sous peine d'amende, évidemment.

Après trois contraventions, le cher confrère était „remercié" (*bedankt*).

Des amendes (un patacon) étaient également prévues pour ceux qui n'assisteraient pas au grand banquet qui se donnait le jour de la Saint-Hubert, à trois heures.

Avec des statuts semblables, rédigés en flamand, et rappelant au surplus par les dates des rejouissances obligatoires (2) les fêtes du petit peuple et même de la bourgeoisie, on n'avait évidemment aucune chance de voir la Cour de Vienne — si à cheval sur le protocole — faire bon accueil aux démarches des confrères avides d'une décoration officielle de l'ordre de Saint Hubert.

Aussi les nouveaux confrères de 1730, décident-ils de recouvrir prudamment les stipulations statutaires relatives aux rejouissances, d'un vernis aristocratique qui les fera plus facilement — ils l'espèrent du moins — accepter par les autorités qui auront à éplucher leur requête; au lieu de trois réunions annuelles, il n'y en aura plus (à part la St Hubert) que deux : à la Noël et à la Chandeleur, les dates choisies par la confrérie précédente rappelant trop les kermesses populaires :

On ne cite plus dans les statuts nouveaux, les mots „*injurien*" et de „*insolentien*", mais l'on déclare „que tous les confrères viverons (sic) entre eux comme frères et bons chrétiens, les uns avec les autres, sans se formaliser de leurs actions en aucune manière...."

(1) Figure dans un registre spécial dans les archives de la ville de Malines.

(2) La fin juin correspondait avec la date de la kermesse de Malines. La fête des Rois rappelle trop les beuveries, immortalisées par Jacob Jordaens. Il n'y a que la St Hubert qui ne soit pas, à Malines du moins, un anniversaire fêté par le peuple.

C'est au fond la même chose que du temps de la première confrérie «roturière», mais c'est dit avec plus d'élégance. Comme toujours, *c'est le ton qui fait le chanson.*

La même tactique est suivie pour faire accepter plus facilement, en haut lieu, les réjouissances de la Saint Hubert (chasse et banquet) :

« Que le même soir du jour de la solemnité de la Messe de Saint Hubert, Messieurs les Confréres s'assemblerons au lieu désigné par les directeurs pour y souper ensemble frugallement, sans exces ni profusion, et entre eux seulement (1), sous une amande d'un escus.... » (art. 8).

Que dans la huictaine à conter du jour de St Hubert l'on fixeras un jour auquel Messieurs les confrères devrons s'assembler de bon matin, à l'esglise et à l'heure désignée par les Directeurs, pour y entendre la messe, y baiser les reliques du Saint et ensuite aller à la chasse ensemble, sous une amande d'un escus.... » (art 9).

Que la chasse finie par le rapel touché Messieurs les confrères deveront d'abord directement se rendre au lieu désigné pour y manger ensemble leur chasse frugallement sans aucun exces, et entre eux seulement, sous peine que l'on se mettra à table sans attendre les absants et sous une amande de deux escelins ».... (art. 10).

On ne pourrait mieux dire, mais quand on voit les chers confrères insister itérativement sur la „*frugalité*" de leur repas — ceux de la St Hubert y compris ! — on est pris malgré soi d'une certaine méfiance. De là à consulter les menus il n'y a qu'un pas,et nous l'avons franchi.

Bien entendu nous n'avons pas retrouvé un menu de la grande séance de la St Hubert, (du superbanquet, dirait-on maintenant), le trésorier ayant préféré ne pas laisser de tels documents passer à la postérité, mais nous donnons ci après, le menu du repas, que suivant un protocole sévèrement réglé,les nouveaux confrères étaient tenus d'offrir après leur admission dans l'ordre.

Ce dîner était précédé d'une messe avec assistance obligatoire de tous les confrères, ainsi que de la cérémonie de l'investiture, le tout décrit comme suit :

Que la messe dite l'aspirant se rendras dans l'assemblée des confrères qui se trouverons au lieu désigné par les directeurs, on luij liras les règles et statuts qu'il signeras et promettras de suivre, et la réception se feras en attachant par le chef de la confrairie, ou en son absance, par le plus ancien directeur, à la boutonnière de la veste de l'aspirant la médaille d'or benite et touchée à la Ste Estolle de ce grand Saint qu'il deveras porter pour préservatif contre la rage.

Que la réception faite le nouveau confrère seras tenus de donner un diné simple et frugal aux confrères qui se serons trouvés à sa réception, et cela entre eux seulement ; les directeurs lui prescrirons létiqué du repas qu'il deveras suivre à peine d'amande arbitraire en cas d'excès.

Dans le brouillon des statuts, le mot «léquité» est écrit «l'étiquet». Il s'agit donc ici de l'ordonnance du repas.

Voici comment les statuts réglent, très protocolairement, le menu, après avoir stipulé « *qu'il est défendu de donner du vin de Bourgogne, Champagne, ni aucun vin de liqueur, mais bien du bon vin blanc* ».

Cela nous permet de supposer que ces boissons capiteuses étaient réservées pour les grands jours de la St Hubert.

(1) sans les dames donc. L'ortographe a été respectée.

Mais une autre prescription, assez suspecte en l'occurence, dit « *qu'au un valet ne pourons rester* » pendant le repas « frugal » de réception. Crainte des yeux indiscrets sans doute ?

Règlement de la table pour l'entrée des nouveaux confrères.

Premièrement, il est deffendu de donner du vin de Bourgogne, Champagne nij aucun vin de liqueur, mais bien du bon vin blanc, qu'aucun valet ne pourons rester.

MENU.

	1.	
Une pièce de bœuf tremblant		Un potage selon la saison febes
	La soupe avec un morceau de mouton, ou volaille	
Un potage selon la saison, petits poix		Un déjuné de Malines 4 pieds, 2 oreilles.
	2.	
Un jambon		2 Couples de poulets rotis
	Un alloijaux rotis	
Un plat de fricandeaux		Un pâté de veau
	— Desert	
freses		biscuits
	Une tourte de fruit	
amandes a croquer		freses

Si c'est là le menu d'un dîner «simple et frugal» comme le répètent les statuts, on se demande ce que les chers confrères ont bien pu se mettre sous la dent, quand l'un d'eux a exécuté les conditions du pari singulier dont l'objet était un... mariage en perspective !

Les procès-verbaux insérés dans les régistres de la confrérie (1) relatent gravement cet indident, qui a dû faire époque dans le monde des chasseurs malinois :

« Comme Monsieur le comte d'Hombeeck a promis quinze pistolles à la noble confrérie de saint Hubert en cas qu'il ne soit pas marié pour fa fête de saint Hubert prochain de la même année et comme M. le comte a déclaré qu'il n'était pas marié, par conséquent il est tombé dans le cas de satisfaire la promesse à laquelle il s'est engagé.»

C'est clair au moins cet exposé, mais il faut croire que le comte d'Hombeeck était d'un placement difficile, ou bien, ce qui est plus probable, qu'il ne voulait pas renoncer à la joyeuse existence de célibataire-chasseur, car le jour de la Saint-Hubert de 1744, soit exactement cinq ans après l'échéance... fatale, il était encore toujours aussi célibataire endurci qu'avant.

Mais les amis ne veulent plus accorder de nouvelles prolongations

(1) Archives de Malines. Voir résolution du 6 février 1738.

de crédit à ce prometteur de... mariage et ils le somment de s'exécuter. C'est alors que le comte d'Hombeeck a recours à une échapatoire :

Le jour du banquet — pardon, du repas frugal — du 3 novembre 1744, il promet de s'exécuter l'année suivante, mais il y ajoute une seconde condition ; c'est que la chaussée qui conduit du «pont d'Hombeeck à la montagne » soit construite avant la Saint-Hubert prochaine.

Ce que cette chaussée vient faire dans cette histoire de mariage, on se le demande. La chose importe du reste peu. Ce qui est certain, c'est que de ce temps il était plus facile de construire une chaussée à Hombeeck, que d'y trouver une femme pour le facétieux comte du même nom. On lit, en effet, dans le même registre aux procès-verbaux, que le 29 décembre 1745, il paya ses quinze pistolles : Il n'était pas marié, mais la chaussée tant désirée était construite !!

Les quinze pistolles furent dépensées si largement et si agréablement, que les confrères délibèrent à nouveau et déclarent cérémonieusement «qu'ensuite de la générosité de Monsieur le comte d'Hombeeck, Messieurs les confrères ont resolu de «*tracter*» le dit comte le septième du mois de février 1746...»

Que ce mot «tracter» n'offusque pas les oreilles françaises. C'est le verbe «traiter» mis à la sauce flamande. Il sonne si agréablement, qu'on le conjugue volontiers à tous les temps.

Tracter ou régaler, se fait à toute occasion et en toute saison. De plus, suivant une coutume aussi immuable que séculaire, celui qui a été «tracté» doit réciproquer et tracter à son tour...

Quand c'est par une caisse de société ou de confrérie que le régal est payé, le terme «tracter» n'est plus de mise. Il est remplacé dans le répertoire breughelien par «*teeren*», une espèce de superlatif, provenant du verbe «*teeren*» ou «*verteeren*», c.-à-d. dépenser à fond.

Suivant des traditions se perdant dans la nuit des temps, on ne «*teer*» jamais un seul jour, mais bien pendant une série de jours, et jusqu'à épuisement de la caisse commune, ou de la force de résistance des convives.

En voici un exemple tiré de la chronique gastronomique malinoise:

Le 13 août 1470, la corporation des bouchers fit bénir l'autel construit dans le «*Vleeshuys*». A cette occasion la confrérie organisa un banquet joyeux qui dura quatre jours, sans interruption, et auquel participèrent les femmes aussi bien que les hommes. (1)

Breughel, le plus fécond de nos folkloristes, est plus précis encore en cette matière :

Il nous montre les habitants du village d'Hoboken (Anvers) le jour

(1) *...als den autaer der voorschreve capelle gewyd was, is onder voorschreve Beenhouwers een vrolyc bancquet geordonneert, houdende samen eene schoone vergadering, mans ende vrouwen bijeen, etende en drinkende vier dagen lanck, te weten, des maandags, dynsdags, woensdags en donderdags.»* ....(*Historische aanteekeningen* etc., par le chanoine Schoeffer, Malines 1877, tome III, page 406.

de la kermesse locale, participant pieusement à la procession, tirant à l'arc, dansant et buvant à la mode du temps, puis en-dessous de ce dessin déjà fort édifiant et suggestif, par certains détails, il grave ces vers :

Die boeren verblyen hun in sulken feesten
Te dansen, springhen en droncken drinken als beesten.
Sy moeten die kermissen onderhouwen al souden
Sy vasten en sterven van kauwen. (1)

Au centre de la gravure se voit la bonne auberge, débordante à l'instar de ses trop nombreux clients. Elle porte comme enseigne «*De Gulde van Hoboken*» flanquée de deux cors de chasse prometteurs !

La confrérie noble de Malines en «régalant» le joyeux comte d'Hombeeck ne faisait donc que suivre — sous une forme plus maniérée — un usage enraciné depuis des siècles dans nos provinces.

*
* *

Cet usage mêlait très pittoresquement le spirituel et le temporel. Un nouvel exemple très typique nous en est donné par les confrères Malinois de la confrérie de saint Hubert.

Ne pouvant inviter les Pères Capucins (2) à leur banquet annuel de la saint Hubert, ils décident de leur envoyer, le même jour, deux quartelettes de vin blanc. Les années suivantes, on renouvelle le cadeau, mais avec une modification assez étrange :

«Est résolu, lit-on, dans la délibération du 3 novembre 1735, de donner deux quartelettes de vin blanc aux Pères Capucins, l'une sera convertie en une portion de poisson et l'autre sera donnée en nature, comme l'an passé.»

Souvenirs artistiques de la Confrérie.

Quand la noble confrérie a été réorganisée, en 1730, on est déjà loin de l'époque de splendeur artistique, dont l'apogée peut se fixer vers la fin du XVIIe siècle. Aussi l'inventaire des objets appartenant à la noble confrérie ne comprend-il aucune œuvre d'art, si ce n'est un livre d'or inscrit à l'inventaire sous la dénomination de :

«*Le nouveau livre de la confrérie, relié en veau.*»

Ce «nouveau» livre, de même que le «vieux» inscrit à l'inventaire, sous un numéro séparé, est illustré de très belles et nombreuses aquarelles, représentant les armes de tous les confrères. A la première page

(1) Cette gravure est reproduite sous le titre *La kermesse d'Hoboken*, dans l'ouvrage de René Van Bastelaer. — Les vers peuvent se traduire par : Les paysans s'amusent à ces fêtes en dansant, en sautant et en buvant comme des bêtes. Ils doivent entretenir ces kermesses, quand même ils devraient jeuner et mourir de froid. (Sous entendu : le restant de l'année.)

(2) C'est chez les Pères Capucins que les Reliques de saint Hubert étaient mises en dépôt. Elles provenaient de l'église de Leefdael et avaient été offertes à la confrérie par le comte de Bergyck, seigneur de Leefdael et Grand veneur de la confrérie. (Voir archives de Malines. Registre Notre-Dame, pièce n° 4.)

des deux livres figure, comme un pieux hommage au grand Patron, son portrait en pied, en grand apparat d'Evêque. Dans la main gauche étendue, il tient un cor de chasse, et dans l'autre, la crosse dominant le cerf crucifère traditionnel.

Sur une autre page du «nouveau» livre, un artiste de talent a peint une légende de la conversion, si neuve et si fraîche par sa composition fleurie et le groupement des nombreux personnages, que nous n'avons pu résister au plaisir de la reproduire ici.

Le livre d'Or de l'Illustre et Noble Confrèrie de St-Hubert de Malines
Reproduction d'une des aquarelles ornant ce livre.
Archives de la ville de Malines.

L'auteur de cette charmante composition n'est pas connu, tout ce que nous avons pu trouver dans les comptes concernant ces aquarelles, c'est la résolution suivante, reprise à l'art. 6 du réglement de 1731 :

...«*et pour la peinture des armes, est remis à la discrétion des messieurs les confrères; dont ils ont accordé et résolus de donner quinze écus.*» Quinze écus, ce n'est pas énorme, mais les temps sont si durs, qu'en 1753, on est obligé de vendre «*le costume du valet de la noble confrérie avec le chapeau.* (1) Les Pères Capucins aussi auront éprouvé que le temps des largesses saint Hubertistes était passé. Depuis 1758, les pieux gardiens des Reliques ne reçoivent plus annuellement que deux pistolles, sans «quartelettes de vin blanc ni portion de poisson.»

Ces mêmes deux maigres pistolles reviennent ainsi régulièrement dans les comptes, de 1760 à 1765. Entre les années 1765 et 1771, le registre est vierge de toute inscription, et la toute dernière relation enregistrée concerne les honoraires pour la messe de Requiem, chantée par les Pères Capucins, le 11 novembre 1781, à 10 1/2, pour le repos de l'âme du confrère, M. François Alexandre Dellafaille.

C'est donc par un acte pieux, en l'honneur de saint Hubert, que s'évanouit la noble et illustre confrérie de Malines, et c'est un digne ecclésiastique, le Révérend Curé de l'église d'Hanswyck, qui fait don du livre d'or à la ville de Malines.

L'acte qui constate la donation est du 1 novembre 1847.

IV. La Confrérie de saint Hubert à Louvain (1484-)

En parlant d'une confrérie qui s'est formée à Louvain, en 1701, le baron Reinsberg-Duringsfeld, (2) déclare qu'il ne faut pas confondre avec les confréries pieuses, les associations mondaines portant le même nom, qui se composaient de chasseurs.

Ce que la confrérie visée a en effet de très particulier, c'est que pour y être admis, les membres étaient obligés, aux termes de l'art. 5 des statuts, «*de tenir un bon chien de chasse et d'être pourvus d'une gibecière, de poudre, de plomb et d'un fusil de chasse, et de porter dans toutes les assemblées un petit cor de chasse, attaché à un ruban vert.*»

L'obligation du port d'une réduction de cor de chasse, comme insigne, était imposée dans presque toutes les sociétés de chasseurs, et il n'y a donc plus lieu de s'y arrêter, mais ce qui est absolument spécial à la confrérie de Louvain, c'est l'obligation pour les membres de posséder un attirail complet de chasseur, comme détaillé ci-dessus.

Cette obligation, pour étrange qu'elle paraisse, trouve cependant sa justification dans le fait, qu'à l'époque de la fondation de la confrérie de chasseurs louvanistes, *tout* le monde pratiquait la chasse, dans le Brabant, le grand seigneur comme le moindre bourgeois, et les membres du clergé aussi bien que les laïcs.

«Nous savons, écrit G. Verhaegen, (3) que le Brabant présente une exception au système ordinaire sur l'exercice de la chasse. Exami-

(1) L'art. 11 des statuts de 1730 disait que cet habit devait être «*verd avec un cornet brodé en or*». Les comptes ne disent pas ce que la vente a produit.

(2) *Calendrier Belge.* — Fêtes religieuses et civiles. Usages. Croyances et pratiques populaires des Belges anciens et modernes. — Bruxelles et Zutphen, 1862. Volume II.

(3) *Recherches Historiques sur le droit de chasse et sur la législation sur la chasse*, par G. Verhaegen, avocat. Bruxelles 1873.

nons en détail les privilèges des Brabançons et leur origine. Nous verrons aussi la constance que les Etats de Brabant mirent à défendre leurs droits contre les gouvernements d'Espagne et d'Autriche.»

«Il est probable qu'à l'origine du duché de Brabant, il en était de la chasse pour ses habitants comme partout ailleurs; le droit de chasse, régale en principe, était d'exercice seigneurial. Ce qui tend à nous le faire croire, ce sont quelques documents, des chartes accordant des privilèges de chasse aux habitants du Brabant et qui eussent été sans objet, si l'exercice de la chasse eût été de droit commun dans ce pays.»

A l'appui de cet exposé l'auteur dit :

Qu'en 1290, Jean I permit aux moines de l'abbaye de Parc, près de Louvain, de chasser lièvres et lapins dans les bois qui entournent leur abbaye. (*Yeesten* I. p. 672).

Qu'en 1322, une charte de Jean III (1) donna aux Louvanistes l'autorisation de chasser avec chiens sur la rive droite de la Dyle, du côté de Halen et de Tirlemont, toute espèce de gibier, excepté les cerfs, chevreuils, biches et sangliers. (*Yeesten* I. p. 439).

Que le 3 janvier 1355 fut donnée la fameuse charte ou Joyeuse Entrée de Jeanne et Wenceslas, qui accorda aux Brabançons le privilège de chasser *«poil par poil et plume par plume»*, c.-à-d. les cerfs et les sangliers avec des chiens courants, et les oiseaux avec des faucons.

Que le 18 décembre 1406, Antoine de Bourgogne, dans sa Joyeuse Entrée (2) confirme ces droits. De même de la duchesse Jeanne, il accorde «que tout homme puisse chasser aux lièvres et aux renards dans tout le Brabant, sans être calengé.» Il ajoute, que chacun peut également chasser aux lapins partout, hors les franches garennes et voler l'oiseau sans être calengé; de même encore : «les chevaliers, écuyers et bourgeois du pays de Brabant, peuvent chasser à toute espèce de gros gibier dans tout le Brabant, excepté dans les forêts et garennes ducales ci-après, nommées : Soignes, Saventerloo, Groot-heyst et Meerdael.» Marie de Bourgogne permit, enfin, aux habitants de Brabant de chasser les canards et autres oiseaux, aquatiques et de prendre partout, avec des filets, les moineaux, pinsons, alouettes et cailles.

En résumé donc, diverses chartres consacraient les privilèges des Brabançons, en matière de chasse : le souverain chassait partout, même dans les forêts et franches garennes des seigneurs, ceux-ci se réservaient la chasse dans ces forêts et garennes, et partout ailleurs en Brabant les «bourgeois et bonnes gens» pouvaient chasser toute espèce de gros et petit gibier.

Cependant ceux-là mêmes qui avaient juré de maintenir ces privilèges, vinrent à chaque instant les restreindre par leurs ordonnances sur la chasse et leurs instructions aux officiers ducaux.

(1) Ce document existe aux archives de Louvain.

(2) *Placcaerten van Brabant*, tome I, liv. II, titre 2, chap. 6, art. 23, 24, 25,

Pendant des siècles on assista ainsi dans le Brabant à une lutte sournoise et incessante entre le souverain et les Etats du Brabant. Ce ne fut qu'après la conquête de la Belgique par Dumouriez, que les représentants de la ville de Bruxelles mirent les deux partis d'accord en proclamant — au nom de la République — la liberté complète de la chasse et l'abolition de tous les privilèges et du droit de garenne. (1)

Ce simple aperçu, permettra de mieux comprendre la nécessité pour les chasseurs-Louvanistes de se grouper pour défendre leurs privilèges tout en pratiquant, entre amis, un genre de chasse en rapport avec la situation sociale des confrères.

Quand tout le monde peut chasser, il n'y a plus que le mode de chasse qui détermine le classement entre chasseurs. Or, en 1700, à l'époque de la fondation de la confrérie de Louvain, on pratiquait la chasse de trois manières différentes dans le Brabant :

1° Avec le furet (les lapins), ou à l'aide de filets, ou avec le hibou (petits oiseaux). C'était surtout le peuple qui pratiquait cette «petite» chasse;

2° avec l'aide du fusil, de chiens et de faucons les lièvres, renards et autre gibier, à poils et à plumes), chasse dite moyenne, à laquelle se livraient de préférence les bourgeois et «bonnes gens» de Louvain;

3° avec chiens courants et lévriers C'est la chasse à courre au gros gibier (cerf et sanglier). Le «déduit» par excellence, ou la noble chasse.

Précisément aux portes de Louvain s'étendait la forêt de Meerdael, citée dans l'ordonnance du 18 décembre 1406, parmi les garennes ducales dans lesquelles la chasse était réservée au seigneur. Mais la chasse en plaine, dans les environs, devait être giboyeuse par suite du voisinage de la forêt.

Dans un placard de 1545, cette forêt de Meerdael, la plus belle du Brabant, après Soignes, est déjà citée parmi celles dans lesquelles les seigneurs du temps avaient la haute, moyenne et basse justice. La connaissance, correction et composition en appartiendra, ajoutait le placard de 1545, aux officiers de ces seigneurs, sauf à eux à se conformer aux ordonnances faites ou à faire sur ce sujet et aux amendes en matière de chasse. (2)

Parmi les seigneurs auxquels a appartenu la forêt de Meerdael, on note le Duc d'Aerschot et les Ducs d'Arenberg. Les descendants de cette ancienne famille occupaient encore la maison de chasse d'Hévérlée, aux portes de la ville de Louvain, et aux confins de la forêt de Meerdael, quand éclata, en 1914, la guerre mondiale. Pendant la guerre la forêt fut mise sous la protection d'une garde militaire allemande, ce qui n'empêcha nullement les braconniers, disons-le entre parenthèses, de s'emparer jusqu'à la dernière pièce de gros gibier.

(1) Pour plus de détails, voir Galesboot, ouv. cité.

(2) Placcaert van Brabant, tome II, fol. 132.

Tout parle encore dans cette forêt, pourtant bien abîmée, de la noble chasse à courre, depuis la poëtique chapelle des «Eaux douces», ou les nobles chasseurs faisaient leurs dévotions, jusqu'aux très confortables maisons des gardes, et aux noms des chemins et carrefours : Drève de la course des Sangliers, la Remise, la Retraite, etc.

Etant donné ces situations spéciales, il est très compréhensible que les fondateurs de la confrérie de St. Hubert de Louvain aient tenus à se placer sous la protection du très puissant Duc d'Arenberg. Ce dernier avait, de son côté, intérêt à entretenir des bonnes relations avec ses riverains de chasse en plaine, les bourgeois de Louvain. Ceux-ci avaient, en effet, toute facilité de détruire le gibier, quand il allait «viander» hors des bois. Cet esprit de bon voisinage que les bourgeois désirent entretenir avec le noble Duc d'Arenberg se reflète dans l'exposé suivant précédant les statuts de la confrérie :

«Comme les Empereurs, Rois et autres souverains ont dès les temps les plus reculés eu un soin particulier de la noble et illustre chasse, et n'en ont pas seulement fait usage mais en ont aussi laissé l'usage à leurs sujets.

Nous aussi, vrais amateurs de la chasse, avons trouvé bon pour le maintien d'icelle, d'ériger une confrérie sous les articles et régles suivants».

Voilà en quelques lignes le but de la confrérie nettement défini. C'est en réalité une union professionnelle, fondée pour le maintien de la chasse et non pas une «association mondaine» comme le baron Reinsberg l'a appelée incorrectement.

Les chasseurs Louvanistes habitant en plein pays de chasse, tenaient naturellement encore plus aux privilèges, que les autres chasseurs du Brabant. Ils se méfiaient aussi, plus que personne, des mesures restrictives du droit de chasse publiées, en 1613, par les Archiducs Albert et Isabelle, mais qu'on ne parvint jamais à rendre exécutoires en Brabant. Tous les jours les Louvanistes auraient été exposés à être arbitrairement «callengé», c.-à-d. condamnés à l'intervention du «Gruyer» (1) s'ils commettaient l'imprudence de ne pas résister en «bloc» aux menées astucieuses des ducs et de leurs délégués, les officiers de la chasse.

Ne serait-ce point dans le but de matérialiser, en quelque sorte, leurs privilèges, que les chasseurs louvanistes chargèrent un sculpteur de talent de transposer sur les lambris, ornant leur chapelle à l'église St. Jacques, tous les modes de chasse, sans exception, en usage dans le Brabant ?

Détaillez ces lambris, et vous y retrouverez la grande, la moyenne et la petite chasse, dont nous venons de parler : d'abord, (dans l'ordre de leur importance décroissante) la noble chasse aux faucons, la chasse

(1) Les fonctions de ce «Gruyer» seront expliquées plus loin.

aux lièvres, avec accompagnement de chiens et de trompes; et, pour finir, la chasse au gibier d'eau, et la chasse, si populaire, aux oiseaux, à la «pipée.»

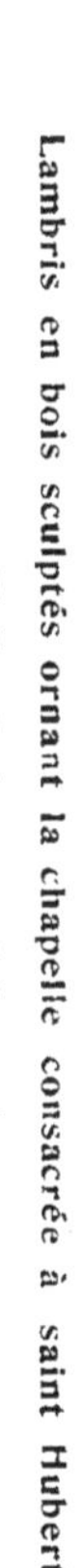

Lambris en bois sculptés ornant la chapelle consacrée à saint Hubert
(Eglise St-Jacques, à Louvain)

De plus, pour ne laisser place à aucune contestation, tous les gibiers, dont la capture est permise aux chasseurs brabançons, ont été représentés sur les lambris, à côté des armes et engins communément utilisés : ce sont d'abord les sangliers et les faisans, puis les perdrix avec les bécasses, puis les canards et les pluviers, et enfin les grives, cailles et pinsons.

Sur les colonettes, en-dessous de la moulure supérieure des lambris, se détachent, comme autant de trophées, des chapelets d'oiseaux pris, soit avec rets et filets, soit au branché, à l'aide du «Duc» et de la glu.

Le tout est harmonieusement rehaussé de guirlandes, décoratives tendues, par des anges, souriant à d'autres anges sonnant du cor, lançant le faucon, traquant le lapin, ou prenant hardiment le lièvre par les oreilles !

Après avoir ainsi synthétisé la chasse presque divinement, les chers confrères couronnent ce pieux ensemble artistique par une superbe conversion de St. Hubert dûe au pinceau de Gaspard de Crayer, dont une réplique se trouve à Leefdael (Tervueren).

La chapelle elle-même a été consacrée à saint Hubert, patron des Ardennes, et du Brabant, ajoute une notice imprimée, signée par l'abbé J. Heylen, vicaire à l'église St. Jacques.

D'après les renseignements puisés dans les archives confiées à ses soins, c'est le 15 octobre 1484, que la confrérie «pieuse» a été fondée. Cela résulte des inscriptions faites, en ce temps, par le très Rév. Curé, l'abbé Régnier Van der Elst. C'est à cette date, que quelques chrétiens d'élite de la ville de Louvain, conclurent un accord avec le Curé de St. Jacques, en vue de l'érection de la confrérie.

Le Très Rév. abbé Van Hamme, curé en la même église, écrivait, en 1591, dans l'ancien registre de la confrérie (pages 1 et 2) : «Cette confrérie a été présentée à la piété des fidèles, il y a plus de cent ans, par l'élite des habitants de Louvain, dûment approuvée par les autorités de la ville et surtout par Sa Grandeur Mgr. l'Evêque de Liège, qui l'a pourvue d'indulgences spéciales. La confrérie reçut son approbation définitive par la bulle pontificale de S. S. le Pape Innocent XI, en date du 5 septembre 1683. Elle connut à ce moment son apogée et réunit le nombre de 1471 admirateurs et fidèles de saint Hubert.

Dans le livre *Louvain dans le Passé et le Présent*, Ed. Van Even, l'ancien archiviste de la ville, ajoute pour prouver la grande vénération des Louvanistes pour saint Hubert, que, déjà en 1363, l'autel de ce saint avait un recteur particulier dans l'église St. Jacques. (Molanus Hist. Lov. II, p. 362).

Van Even parle aussi de la statue du reliquaire-ostensoir de saint Hubert, exécuté vers 1486 par Josse Pauwels, de Louvain. Il cite aussi la très belle statue du même saint, datant de 1483, et il prétend finalement que la chapelle actuelle fut construite au XVIe siècle.

La magnifique conversion de saint Hubert de G. De Crayer, décorant l'autel, est de la même époque. Ce tableau fut emporté à Paris par les Français lors de la Révolution, exposé au Louvre, pour nous revenir plus tard.

Chose curieuse, Van Even ne dit pas un mot des si intéressants lambris sculptés, couvrant un des côtés de la même chapelle, et dans les archives de l'église on ne trouve aucune trace, ni de la date de leur installation, ni même de la création de la confrérie «mondaine», que le baron de Reinsberg déclare avoir été fondée, plus tard, en 1701.

Et pourtant cette confrérie a fonctionné régulièrement et si nous ne possédions que les lambris de la chapelle, nous pourrions déjà affirmer que nulle part, ni à Anvers, ni à Malines, ni à Gand même, dont nous parlerons plus loin, l'aspect «*chasse*» de la confrérie de saint Hubert n'a été poussé aussi loin qu'à St. Jacques, à Louvain.

Ne serait-on dès lors pas fondé de croire, en se basant sur ces constations matérielles, et sur les extraits de statuts publiés, sans indication de source, malheureusement, par le baron de Reinsberg, que la confrérie de chasseurs de 1701, (1) a en quelque sorte était greffée sur la confrérie pieuse de 1484 ?

Le vicaire Heylen ne rejette nullement cette supposition.

Reinsberg, nous répond notre très aimable correspondant, n'indique nulle part la source où il a puisé le réglement dont il a donné des extraits (articles 3 et 5 à 10).

L'ancien registre de la confrérie, qui se trouve dans nos archives, commence par l'acte de 1591, mais il est malheureusement trés difficile à déchiffrer. Il ne semble pas qu'on y parle bien spécialement de la chasse, cependant un rapport des maîtres de la confrérie, redigé le 3 septembre 1680, nous donne un aperçu d'un menu très substantiel du banquet qui eut sans doute lieu cette année-là. Le gibier ne semble pas y manquer et alterne avec d'autres plats. Nous y relevons :

Eenighe kiekkens met sallay oft andive, item twee connynen gebraden, item dry sneppen oft dry patrysen, oftwel dry coppelen sneppen oft dry coppelen patrysen. (2)

Je n'osais donc pas dire, continu le vicaire Heylen, qu'il n'exista jamais une société de chasseurs sous le vocable de saint Hubert, dans la paroisse même, en effet, plus j'étudie le quartier de St. Jacques, plus je reconnais que dans l'ancien temps ce fut un peu le quartier St. Germain de la ville. Il s'y rencontrait donc de nombreux chasseurs. Nous avons eu notamment dans la paroisse plusieurs familles nobles, comme les de Troostenberg, les van der Stegen, les Lemesle-De Waret, etc. On retrouve en outre des rues, comme la rue de St. Hubert, la rue du Cerf, l'impasse du Cor, la rue de la Croix, dont les noms rappellent, à la fois, la si ancienne dévotion à St. Hubert et les plaisirs de la chasse.

Le duc et la duchesse d'Arenberg se sont faits inscrire dans la confrérie dès sa reconstitution. Dans l'ancien registre nous relevons

---

(1) Interrogé au sujet de l'origine de ces boiseries, M. De Munter, Conservateur du Musée des Beaux-Arts de Louvain, n'a pu fournir aucune précision. Il estime qu'elles datent de 1680. Espérons que la publication de ces lignes contribuera à élucider cette question.

(2) Quelques poulets avec de la salade ou des endives, idem deux lapins au four, idem trois bécasses ou trois perdraux, ou trois couples de bécasses, ou trois couples de perdreaux.

les noms de plusieurs familles nobles, comme les André de Spoelberg (1721), le chevalier Albert van Winghe, Madame Barbara van Hamme, baronne van Schore (1724), Dominique Cathérine de Bersbeck de Winghe (1697), Christophe de Spoelberg (1644), François Bernard de Creft (1726). Ferd. de Beckman de Schore fut maître de la confrérie en 1774.

Au début de son existence, soit dit en passant, la confrérie tirait une part des revenus, consacrés à l'entretien de l'autel, du froment et des farines, fournis par les moulins de Louvain. Suivant une ancienne coutume, semblable à celle existant à St. Hubert-en-Ardenne, disent les archives, les maitres de chapelle (*Capelle Meester*) de la confrérie de l'église St. Jacques, visitaient périodiquement ces moulins pour emporter les offrandes en nature que les habitants versaient dans des sacs ou des coffres. De là, le nom flamand de *casdragers* (porteurs de coffres) qu'on donnait à ces maîtres de chapelle. En 1591, les délégués de la confrérie de saint Hubert du village de Wackerzeel, s'étant permis de se substituer à leurs collègues de Louvain, ces derniers portèrent plainte devant le «*officiaal ende Vicaris*» de l'archevêché de Malines (1).

Une de ces caisses d'offrandes, destinée à contenir le froment, se trouvait en outre à l'intérieur de la chapelle de St.Hubert, à Louvain.

Pour en revenir à la confrérie des chasseurs, nous rapportons ici, d'après les données de Reinsberg, les articles des statuts relatifs à la curieuse composition du comité-directeur de l'association : cet «*avocat fiscal*», et cet «*introducteur*» ont un petit relent de ville universitaire qui nous font encore regretter d'avantage de n'avoir pu découvrir les archives de cette confrérie, assurément unique en son genre : ces banquets de la St. Hubert, avec une amende pour les absents égale au *double* de la quote-part des présents, en disent long aussi :

Art. 6 : Qu'il y aura dans cette confrérie les officiers suivants : le noble seigneur général de la chasse, le chef homme (hoofdman), le prévôt, le colonel, le major, le capitaine, le lieutenant, l'enseigne, l'avocat fiscal, deux trésoriers, un secrétaire, un inspecteur des armes et un introducteur, qui seront changés tous les ans, à l'exception du général, du colonel, du major, du capitaine, du lieutenant, de l'enseigne, de l'avocat fiscal, et du secrétaire qui resteront en emploi leur vie durant.

Art. 7 : Que le prévot de la confrérie célébrera tous les ans, le jour de la St Hubert, une messe solennelle à laquelle tous les confrères assisteront avant que d'aller à la chasse.

(1) ...*verzoekende daeromme zeer angstig alle de meesters van St Huybregts tot Loven aan de pastoor tot St Jacobs dat hem gelieve hiertoe handt aan te houden om dit te beletten voorts hem biddende daarin te willen verschieten ende verleggen in gelde van de autaer wegens die daartoe van noode zoude zyn vermidts onzen autaer seer arm is ende geen liggende gelt en hadde om tegen dies rycken autaersmeesters van Waekerzeel te procederen toezeggende die selven pastoor het derde paert van 't geofferde meele in de molens te laten volgens gelyk hy dat vuer vele jaeren is hebbende in het geoffert coren van de corekisten staande op Sinte Huybregtskoor binnen St Jacobskercke....* »

Art. 8 : Que personne ne sera excusé d'aller le dit jour à la chasse, sinon pour bonne et légitimes raisons, et qu'après avoir obtenu la permission de s'en absenter, il devra payé un écu au profit des confrères qui iront à la chasse.

Art. 9 : Que tout le gibier qui sera tiré le jour de Saint-Hubert devra être porté dans la ville de Louvain et remis entre les mains du trésorier qui sera chargé du soin du repas.

Art. 10 : Que tous les ans, le dimanche après la fête de St Hubert il sera donné aux repas, auquel sera invité le protecteur de la confrérie et duquel aucun confrère ne pourra s'absenter sous quelque prétexte que ce soit, sous peine de payer le double de ce que chaque confrère, qui aura assisté au repas, aura payé, etc. etc.

*
* *

En invitant au banquet de la St.Hubert le très influent Duc d'Arenberg, leur protecteur, les chasseurs Louvanistes marquent une fois de plus le désir qui les animait de maintenir les bonnes relations avec ce puissant voisin de chasse.

Il est fort probable aussi, pour ne pas dire certain, que parmi les membres des deux confréries, la «pieuse» du XVe siècle, et la suivante, du XVIIIe, on aura compté de nombreux étudiants.

La turbulente jeunesse de l'*Alma Mater* aimait les plaisirs de la chasse — et du braconnage — autant, si pas plus que les bons «*Peeterman*» de l'ancienne capitale du Brabant.

Ne lit-on pas dans le fameux édit de 1616 d'Albert et Isabelle, une disposition qui vise tout spécialement les expéditions que messieurs les étudiants se permettaient d'organiser, plus souvent qu'à leur tour, dans la si proche forêt de Meerdael :

«*Les gens de guerre, est-il dit, aux articles 113 et 114 sont soumis aux peines statuées ci-dessus et ressortiront aux juges commis au fait de la chasse. De même que les étudiants des universités lesquels, au lieu de vaquer aux études, s'adonnent à tendre, a chasser avec chiens, oiseaux, tonnelles, alliers ou aultrement.*»

V. Confrérie de saint Hubert à Gand en la chapelle du «Vleeschhuis» (1448-1828)

La confrérie de saint Hubert, fondée à Gand, diffère de toutes celles passées jusqu'ici en revue par une condition très caractéristique, imposée aux candidats «confrères» :

Pour être admis comme membre de la confrérie, il fallait, avant tout, appartenir à la corporation libre des bouchers (*Vrije Vleeschhouwers*).

Les bouchers gantois formaient une corporation fort ancienne qui possédait déjà, en 1448, une chapelle lui appartenant en propre. Elle fut consacrée par l'évêque de Tournay, Jehan Chevrot, assisté par le prélat de l'église St. Pierre à Gand, le jour de la fête patronale des bouchers, soit à la St. Hubert (3 novembre) de l'année 1448.

Quelques semaines avant cette date (en septembre 1448) ajoute F.

De Potter (1) la corporation avait été autorisée à ouvrir cette chapelle, et le 14 janvier (vieux style) les vicaires généraux de l'évêché de Tournay délivrèrent l'autorisation d'y célébrer la messe, mais sans administration de sacrements, à moins d'y être autorisé par le curé de la paroisse. Cette autorisation fut confirmée par l'évêque, le 24 septembre 1450.

Après avoir été dotée, avant la consécration officielle, d'un tableau existant encore actuellement et représentant «*L'adoration de l'Enfant Jésus*» la chapelle s'enrichit, en 1696, d'un autel encadrant le tableau, et dont la construction fit l'objet d'un acte passé, le 23 octobre 1696, entre deux notaires et le sculpteur, J. Bte Van Heldenbergh.

L'autel, lit-on dans cette acte, sera placé entre deux colonnes, du côté droit l'artiste devra placer *St. Hubert* et du côté gauche, *St. Antoine* avec l'agneau. (2)

Pourquoi saint Antoine n'est-il pas représenté, comme d'habitude, avec son cochon (*varken*) demande l'érudit historien gantois, sans toutefois donner d'autre réponse à la question que celle-ci, qui en réalité n'explique rien : «les bouchers gantois le désiraient ainsi».

Le remplacement du porc par un agneau se laisse deviner comme suit : les donateurs de l'autel, Jonckheer Loys de Jardyn, heere van Ermelghem et Jonckheer Jacques Philippe de Grutere, tous les deux chefs (*heuversten*) de la corporation libre des bouchers et des poissonniers, auxquels s'étaient joints deux jurés (*gezwoornen*) de la corporation des bouchers, les nommés Van de Deynoodts et Van Loo, auront estimé qu'un porc n'était pas un animal assez noble pour être représenté sur un autel qui devait, aux termes de l'acte de donation, comprendre également dans son ornementation les «armes» des quatre donateurs

A ce sujet il était expressément stipulé, que les armes des deux doyens devaient se trouver dans la partie supérieure de l'encadrement du tableau, entre la statue de saint Antoine et de saint Hubert, tandis que les armes des deux simples jurés pouvaient être sculptées dans la partie inférieure du même encadrement, entre des têtes d'anges, précise l'acte. (3)

Pour bien comprendre le sentiment de fierté qui poussait les bouchers *libres* de la ville de Gand, à faire ainsi publiquement état de leurs

(1) *Gent van den oudsten tiid tot heden.* Gand 1873, tome II, p. 377.

(2) *... ende beloft te maecken sekeren autaer in de cappelle van het Vleeschhuis op de forme ende maniere ghelyck hy ten passeren deser ande eerste comparanten heeft getoont de modelle by ons beide notarissen geparapheert, behaudens dat de figure van St Hubertus staende op den rechten cant van de modellen, neffens den pilar... ende van d'ander syde sal moeten ghestelt worden de figure van St Anthone met syn lammeken...»*

(3) *...ende d'open plaetse boven de schilderye daerin sullen moeten ghestelt worden de wapenen van de twee eerste comparanten ende onder den voet van de selve schilderyé alwaerstaen twee inghelshoofden daer neffens sal hy lesten comparanten moeten stellen de wapeneu van Deynoordts ende Van Loo.»* De Potter, ouvrage cité, p. 380.

«armes», il faut se rappeler que c'est en vertu de privilèges très anciens, acquis on sait à quel prix, que les bouchers flamands avaient le droit d'afficher cette marque de haute distinction.

Quand on en recherche la justification, il faut aussi, remonter à l'origine même de la confrérie des bouchers gantois. Déjà, en 1164, les chroniques font mention de la corporation des bouchers. A cette date elle participa à un soulèvement populaire.

D'après un privilège extraordinaire, accordé par les échevins gantois, en 1325 et en 1356, il fallait pour entrer dans cette corporation très fermée, être, fils ou petit-fils, ou frère d'un membre de la corporation. Si une veuve ou une fille de boucher, par exemple, voulait continuer le métier, elle était obligée... d'épouser un boucher.

En réalité, le métier de boucher, c.-à-d. le droit d'exploiter, sous des conditions déterminées, un étal dans le «*Vleeschhuis*», ou halle aux viandes, était héréditaire entre les descendants des familles fondatrices de la corporation, au nombre fort minime de huit.

L'observation stricte, pendant plusieurs siècles de ce privilège exceptionnel, avait eu pour conséquence de faire finalement du métier de boucher une espèce de monopole au profit de cinq familles. (1)

Ce privilège eut aussi pour effet de donner à la corporation des bouchers un certain relief aristocratique, dont les membres profitèrent pour faire écrire dans les actes que leur métier était le seul, des cinquante trois métiers de la ville, qui avait été instituée *princièrement* (*dat de neeringhe was de eerste van de drien vyftich vrye neeringhen deeser stede princelic ghynstitueert*).

Quand Philippe-le-Hardi confirma en 1429 (prétend-on) le privilège de l'hérédité de la profession de boucher, il leur accorda aussi, par la même occasion, la faveur de faire figurer sur leur bannière de guerre un taureau d'argent (*een zilveren stier op een groenen grond en op een veld van keel* (*rood*).

Après la révolte des Gantois, l'empereur Charles-Quint ne laissa subsister, en vertu de l'art. 69 de la *Concession Caroline*, du 3 avril 1540, que 21 métiers, sur les 61 existants à cette date. Ce ne fut que 37 ans plus tard, en 1577, et en exécution de l'art. X de l'acte de la *Pacification de Gand*, que les corporations rentrèrent en possession de leurs anciens droits, privilèges, titres et chartes. (2)

L'art. LXIX de la *Concession Caroline* fixait comme suit l'ordre de préséance des métiers :

(1) Il résulte d'une requête datée du 18 septembre 1732, dont il sera parlé plus loin, qu'à cette date, les derniers 14 membres de la confrérie des bouchers appartenaient seulement à 5 familles : les Minne, les Menne, les Melle (peut-être les mêmes noms orthographiés différemment), les Van Loo (cinq bouchers portent ce nom) et les Deynoot.

(2) *Description des Méraux et Jetons de présence des Gildes et Corps de Métiers, églises etc.*, par L. Minard-Van Hoorebeke. Gand 1877.

1° Bouchers.
2° Poissonniers.
3° Bateliers.
4° Boulangers.
5° Brasseurs.
6° Tisserands de laine
. . . . pour finir par
21° Menuisiers et huiliers.

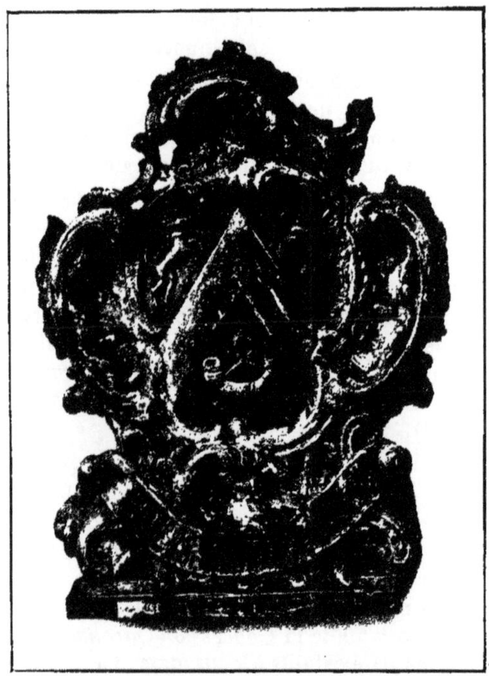

Culte de saint Hubert en la chapelle du Vleeschhuis de la corporation des Bouchers à Gand (1448-1828)

A. — Cartel d'armoiries du Doyen P. Minne (1761)

Musée de la Biloque, à Gand.

En droit comme en fait, les bouchers occupaient donc le tout premier rang parmi les métiers de Gand, et pour ce motif on les appelait aussi communément *Prinsen kinderen*, ou enfants de prince.

Qu'on ne s'étonne donc pas en voyant ces huit familles privilégiées, au sens propre du mot, se donner des «armoiries.»

Grâce à la grande obligeance de M. Van Werveke, conservateur du musée archéologique de la *Biloque*, nous pouvons donner ici la photographie des armes de Petrus Minne, un des doyens de la corporation des bouchers.

Les deux principales figures héraldiques entrées dans la composition de ces armes sont le lévrier et le cor de chasse.

Or, quand on consulte dans l'étude de Hubert Dumoustier (1) le chapitre V, consacré aux «*Figures héraldiques de chasse dans les armoiries poitevines*» on constate, qu'après le cerf et le sanglier, c'est le chien et le cor, qui sont le plus souvent représentés dans les armoiries des chasseurs nobles de cette région française.

Avec ces données, nous retrouvons facilement dans la composition des armoiries de Petrus Minne, les deux faits qui ont guidé l'artiste qui les a établies: d'abord le caractère héréditaire du titre de boucher, ensuite le privilège du droit de chasse appartenant à ces mêmes bouchers. (2)

Comment avaient-ils obtenu ce privilège exorbitant, serait on tenté de demander, quand on sait avec quelle sévérité les ducs et les princes défendaient leur droit de chasse, considéré partout ailleurs en Europe, comme un droit exclusif du souverain?

Car, ne confondons pas, il ne s'agit pas de la chasse au petit gibier, autrement dite la petite, ou la basse chasse, mais du «droit» de chasser avec l'aide de chiens et de faucons toutes espèces de gibiers.

Parlant de ce privilège, F. De Potter dit avec raison, qu'il fait encore mieux ressortir le caractère aristocratique de la corporation gantoise. Les bouchers, précise-t-il, possédaienl le droit (on dit grâce à Philippe-le-Bon) de chasser à travers toute la Flandre avec des chiens courants et avec accompagnement de trompes, à l'exception toutefois des communes de Olsene et Vinderhoute.

Leur valet était habillé de vert. Sur la manche droite de son habit de chasse étaient brodées les armes de la corporation, et sur la manche gauche, un cor de chasse.

Les lévriers utilisés à la chasse, portaient les mêmes insignes sur leur collier. (3)

On se figure sans peine, qu'à chaque changement de régime — et y en a-t-il eu! — les bouchers gantois eurent à défendre un privilège si humiliant à tolérer, pour un seigneur étranger surtout.

(1) Ouvrage cité.

(2) Les armes d'un autres boucher gantois se trouvent représentées dans l'ouvrage déjà cité de Minard-Van Horebeke. Ce sont celles du doyen F. Van Loo «de sable à l'étoile de six raies d'argent ; le chef cousu d'or chargés de deux hures de sanglier, les yeux et les lèvres de gueules et les défenses d'argent. » (page 64.)

(3) C'est là une imitation parfaite des usages et coutumes en matière de vénerie. Voir, entre autres, la description de l'équipement des veneurs et des chiens de Charles-Quint, dans « *Les Belles Chasses de Maximilien. Tapisseries de Bruxelles.* (Ouvrage cité.)

Ce serait faire l'histoire de la domination étrangère dans nos provinces, que de parler de tous les conflits qui surgirent entre les métiers et les princes, à propos de l'exercice du droit de chasse. Aussi ne ferons-nous allusion qu'au principal placet, celui du 29 novembre 1611, par lequel Albert et Isabelle, obligeaient tous leurs sujets à produire les preuves écrites, établissant la possession d'un droit de chasse quelconque, sous peine de voir annuler ce droit. Il est certain que les bouchers gantois se soumirent à cette exigeance, écrit De Potter, car il n'existe plus de traces dans les archives de la corporation d'un titre quelconque établissant ce droit. Aussi, quand dans le cours du XVIIIe siècle, les bouchers furent de nouveau invités à prouver l'existence de leurs privilèges en matière de chasse, durent-ils se borner à produire une copie d'un procès-verbal d'enquête effectuée, en 1654, par un huissier du Conseil des Flandres, agissant en qualité de juge référendaire, ainsi que la copie d'un jugement confirmant le résultat de cette enquête.

Probablement les bouchers des autres grandes villes auront pris exemple sur ceux de Gand pour se faire octroyer le même privilège de chasse.

Il est certain, dans tous les cas, que ceux de Bruxelles le possédaient également, ainsi que ceux de Malines. Dans les archives de la ville de Malines, nous avons retrouvé un acte passé par devant le notaire Charles Bogaert, le 27 février 1631, siégeant à la chambre des bouchers, en présence des échevins, des doyens et des jurés de la corporation, et par lequel les membres renoncent, tant pour eux-mêmes que pour leurs confrères, aux privilèges en matière de chasse «*qu'ils possédaient de tout temps, ainsi que cela résulte des lettres de reconnaissance échangées avec le conseil secret et signées sur le pli la Faille le 23 août 1614.* (1)

Dans le même acte il est expliqué, que si les bouchers malinois renoncent à leur droit de chasse, c'est parce qu'il a été constaté que l'exercice de ce privilège imposait de grandes charges à la corporation au profit de «deux ou trois» de leurs membres qui négligent ainsi leurs affaires à une époque de crise et de petits profits (*benouden tyd en kleine neringe*).

La circonstance qu'on dit dans le même acte, que les «officiers» chargés de la surveillance de la chasse sont appelés presque journellement à intervenir dans les disputes (*crakelen*) et les rixes (*vechteryen*) provoqués par des bouchers ou des paysans (*lantlieden*) fait supposer, que les délégués des ducs auront mis à profit l'un ou l'autre conflit

(1) On vise ici Charles della Faille, Secrétaire des archiducs et gardien des titres et documents en matière de chasse. (Voir art. 72 de l'Edit de 1613.) Voici le passage en langue flamande de l'acte du notaire Bogaert : « ... *soo voor hen zelven als in name van hunne ambachtsgesellen, absolutelyk renonceeren aan het privilegie dewelk van ouds voorzeide ambachte heeft toegekomen in het feyt van de jagerye volgende brieven van erkentenisse daervan gepassert in de secreten Raede van haere Hoogheden op de plie geteekent la Faille den 23 aug. 1614.* »

pour arracher aux bouchers malinois le renoncement à un privilège, ayant existé de «tout temps» (*van ouds*) comme le notaire le note lui-même dans l'acte de renoncement.

Cet acte est complètè par l'attestation, que les délégués de la corporation consentaient à restituer leurs privilèges (*brieven van privilegië*) au Grand Veneur (*Opperjaeger*) et à laisser enregistrer l'acte de renoncement au droit de chasse, par le Secrétaire de la ville de Malines, après qu'il serait revêtu du sceau communal.

L'existence de ce privilège est, au surplus, implicitement reconnu par le fameux édit restrictif de 1615, puisque l'art. 32 fait connaître que «les commis du souverain interdiront l'exercice de la chasse aux personnes trop viles et d'infame condition, comme les écorcheurs de chevaux qui se permettent journellement de chasser, ils confisqueront leurs chiens et leurs oiseaux.»

Si l'édit établit ainsi une démarcation, aussi nette que blessante, entre les «écorcheurs» (*vilders*) et les bouchers c'est, comme nous l'avons vu, à cause de la considération et des privilèges attachés au métier de boucher, et que des membres d'autres corporations s'étaient arrogés.

Pour en revenir à la corporation de Gand, et à ses démêlés avec l'autorité au sujet de l'exercice du droit de chasse, disons encore que quelques possesseurs de terres ayant demandé au roi d'enlever le droit de chasse aux bouchers, il fut ordonné à ceux-ci, par décret du 5 mai et du 2 juin 1756, de produire les titres sur lesquels ils se basaient pour chasser dans les villages des environs de Gand. Comme ils ne purent — et pour cause — satisfaire à cette mise en demeure, la chasse leur fut interdite dans ces villages, tout au moins jusqu'au jour de la production des titres justificatifs.

Les bouchers répondirent, qu'après de longues et vaines recherches, ils avaient acquis la conviction que les documents exigés, avaient été transmis, à Bruxelles, et qu'on avait omis de les restituer. Le fait de ne pouvoir satisfaire, dans ces conditions, à la mise en demeure, ne pouvait, dans leur idée les priver de l'exercice d'un droit qu'ils avaient possédé de tout temps «possession vaut titre» affirmaient-ils avec conviction.

Un autre argument que la corporation fit encore valoir, c'est qu'il résultait de leurs «résolutions» (*resolutiën*) qu'en octobre 1667, l'éoutête des Flandres avait requisitionné (*opgeëischt*) le métier (*nering*) pour aller chasser entre Bruxelles, Malines et Louvain, qu'il s'était effectivement rendu dans ces régions avec des chiens courants et, qu'avec accompagnement de cors, ils avaient forcé mainte pièce de gibier en présence du duc d'Aerschot, du prince de Ligne et de plusieurs autres seigneurs.

Les bouchers insistèrent pour que l'interdiction provisionnelle faisant l'objet du décret du 10 janvier 1757 fut retirée, et leur droit de chasse, dans les communes des Flandres, reconnu.

Le gouvernement ayant sollicité l'avis du Conseil des Flandres et du Conseil Secret (*Geheimen Raad*) il fut répondu, en substance, qu'il semblait que les propriétaires fonciers (*grondheeren*) avaient aussi bien le droit de chasse exclusif que le seigneur de Vinderhoute et que, de plus, les termes mêmes de la requête des bouchers établissaient qu'ils n'avaient exercé la chasse qu'aux environs de Gand et avec chiens courants, sans armes à feu. En conclusion, le Conseil Secret estime qu'il était utile de laisser exister la défense du 10 janvier 1757, mais attendu que le privilège datait de temps immémorial, le métier (c.-à-d. les maîtres bouchers reconnus) devait être autorisé à chasser depuis le 1 novembre jusqu'au 15 février.

Le gouverneur général répondit en marge de la pièce, qu'il partageait la première partie de l'avis, mais que, jusqu'à nouvelle disposition, la défense contenue dans le décret du 10 janvier 1737 restait maintenue. (1)

F. De Potter ajoute encore qu'il ne lui est pas connu que cette défense ait été levée dans la suite, mais ce qui est certain, c'est que les compagnons bouchers pouvaient chasser en groupe une fois par an, le jour de la St Hubert, aux frais du métier, et que la dépense (*verteer*) ne pouvait dépasser 5 livres de gros. Les aides (*weiknechten*), de leur côté, pouvaient dépenser 4 livres de gros (*4 pond groote*).

D'après un règlement de 1675, tout le gibier capturé devait être remis au métier, et cela encore sous peine de « déportement ». Pour chaque pièce apportée par les valets il était donné un pourboire de 16 gros (*16 groote*).

Les chiens accompagnant les valets étaient nourris aux frais du métier ; pendant la période de chasse l'indemnité payée de ce chef aux valets était de 2 escalins (*schellingen*) par jour.

Les comptes du métier mentionnent, pour l'année 1696-1697, un apport de 35 lièvres.

*
* *

Si la confrérie de saint Hubert, fondée par les bouchers gantois, se distinguait par la possession du droit de chasse, elle se distinguait encore bien plus, par la piété exceptionnelle des membres de la confrérie, et par les sacrifices consentis en vu de l'ornementation de la chapelle.

Comme dans les autres confréries du même genre, on retrouve dans les statuts l'obligation d'assister à la messe, le jour de la St Hubert et au service anniversaire de «Requiem» du lendemain. En

(1) F. De Potter dit p. 409, tome II, que cette pièce existe aux archives de Bruxelles.

plus de cette obligation, les confrères de Gand s'étaient engagés, par un règlement du 2 october 1732, à payer hebdomadairement, pendant deux années consécutives, six gros, afin de couvrir, dit l'art. 3, les frais entrainés par la demande à Rome d'une indulgence plénière.

Cette faveur fut accordée à la corporation par un bref du Pape Clément XII, en date du 11 octobre 1732 (1), sur avis favorable de l'archiprêtre de la cathédrale de Gand et de l'évêque.

La requête que le métier formule dans ce but est intéressante à lire dans son texte original. Nous avons mis en regard la traduction libre française, bien que le flamand du XVIIIe siècle soit facilement compréhensible pour tout le monde :

Aen den hoog weerdigsten ende doorluchtighsten heere, mijn heer den Bisschop van Ghendt.

Supplierende verthoonen in alle oodtmoet Frans Minne f[s] Jans, Marten Minne, Hugo van Loo f[s] Jaecqes, Jan Deynoot f[s] Jan Nicolaijs, met Consorten, vrije vleeschauwers van den grooten Vleesch huijse binnen dese stadt, dat hunne voorsaeten oock vrije vleeschauwers deser vorseider stadt ten jaere 1675 onder elcanderen vuijt particuliere genegentheijt ende devotie, in de Cappelle van den grooten vleesch huijse deser voorseider ingestelt hebben, een Broederschap van den heijligen Hubertus besonderen patroon jegens de pestilentieuse sieckten, rasernijen, dullicheden, ende alle andere sieckten, ende ongevallen, soo voor menschen als allederande soorten van gedierten ofte beesten wesende patroon van de selve Cappelle, ende alwaer oock rustende sijn, ende publiecquelijck geexponeert worden desselfs waere ende geapprobeerde reliquien, ende alsoo 't selve broederschap aldaer Canonicquelijck niet en is geerigeert geworden, gelijck het nochtans hadde behooren te gebeuren, ende omme waer toe te geraecken hebben de supplianten, ende hunne consorten geconcipieert, ende geteeckent de regulen ende statuten ten desen gevoecht, ten effecte van waer approbatie van de voorseijde sijne hoogweerdigeijt bij alle de Guldebroeders die de selve regulen ende statuten onderteeckent hebben, ende bij die int toecommende daer inne noch comen sauden exactelijck onderhauden te worden, tot voordeel ende welstant van de voorseide confrerie, ende omme tusschen alle de broeders te doen onderhauden eene onderlinge behoorelijcke eendrachtigheijt, peijs, liefde, ende

A sa Grandeur Sérénissime Monsieur l'Evêque de Gand.

Les suppliants exposent en toute humilité, François Minne, fils de Jean, Martin Minne, Hugo Van Loo, fils de Jacques, Jean Deynoot, fils de Jean Nicolas, et consorts, bouchers libres de la grande boucherie en cette ville; que leurs prédécesseurs, également bouchers libres de la même ville, ont fondé en la chapelle de la grande boucherie, en 1675, entre eux, par dévotion, et par sympathie particulière, une confrérie de saint Hubert, patron contre les maladies pestilentielles, rage, maléfices et toutes autres maladies des hommes et des animaux de toutes sortes et espèces, étant le patron de la dite chapelle, et où reposent aussi et sont exposées publiquement les vraies reliques et aussi que la dite confrérie n'a pas été érigée canoniquement comme cela aurait dû se faire et pour arriver à ces fins les suppliants et leurs consorts ont conçu et signé les règles et statuts ci-joints, afin qu'après leur approbation par la dite grandeur, tous les confrères ayant signé ces règles et statuts, et tous ceux qui se joindront à eux dans l'avenir puissent les observer exactement, à l'avantage et profit de la dite confrérie et aussi pour entretenir entre tous les confrères un esprit mutuel d'union, paix, amour et affection, à défaut de quoi

(1) Le texte intégral de ce bref figure aux archives de la ville de Gand sous la série 157, liasse 36, n° 15.

effectie sonder de welcke het selve broederschap niet en saude connen staen, ende omme waer inne dies te beter te connen continueren sauden de supplianten geirne van sijne voornoemde hooghweerdigeijt becomen approbatie van de voorseide geconcipieerde regels, ende statuten, op dat alle tgonne daer bii gestatueert dies te beter sijne vuijtwerckinghe soude connen hebben soo wanneer eenige difficulteijten tusschen de guldebroeders ontstaen sauden ende tot beter observantie van diere bij hun onderteekent is geworden, met vast betrauwen dat de voornoemde sijne hoogweerdigeijt siende den goeden iever, ende intentie van de supplianten tot den voorseijden heijligen Hubertus geene difficulteijt en sal vinden van te consenteren in de canonicque erectie in de voorseijde cappelle van t'selve broederschap,ende te approberen de regulen tot dies bij hun gemaeckt ende geconcipieert oorsaecke de supplianten hunnen sijn nemende tot de voorseijde sijne hoogweerdigeijt.

De selve seer oodtmoedelijck biddende beliefve gedient te wesen favorabel reguard nemende op de redenen voorschreven bij appostille op desen te consenteren in de canonicque erectie van het voorseide broederschap van den heijligen Hubertus in de voornoemde cappelle van den grooten vleesch huijze deser stadt, ende eensweghs de voorschreven geconcipieerde regulen ende statuten met sijne episcopaele authoriteijt te lauderen, ende te approberen, ende van aldies te verleenen acte in forma met ordonnantie aen alle de guldebroeders die de selve regulen ende statuten alreeds onderteekent hebben, ende die daer inne daer naer noch comen sullen, hun daer naer sullen hebben te reguleren ende conformeren op de boeten ende penen daer bij breeder vermelt. Twelcke doende, etc.

De supplianten in persoone. (1)

la dite confrérie ne pourrait subsister, et pour pouvoir mieux persévérer dans cette voie,les suppliants seraient heureux d'obtenir de sa Grandeur prénommée l'approbation des règles et statuts susdits, et pour que tout ce qui y est statué pourrait recevoir une meilleure application, par exemple, en cas où quelques difficultés surgiraient entre confrères, et pour obtenir une meilleure observance de ces règles, elles ont été signées par nous, espérant fermement que si sa Grandeur prénommée voyait l'ardeur et les intentions des suppliants à l'égard du susdit saint Hubert, Elle ne trouverait aucune difficulté à consentir à l'érection canonique en la dite chapelle de la même confrérie et approuverait les règles conçues par eux.

Les mêmes suppliants demandent très humblement de bien vouloir examiner favorablement dans le but spécifié ci-dessus,les motifs invoqués, de les approuver par apostille pour l'érection canonique de la dite confrérie de saint Hubert dans la dite chapelle de la grande boucherie de cette ville, et de, en même temps, approuver les règles et les statuts de son autorité épiscopale et de délivrer ainsi acte, in forma, avec ordonnance à tous les confrères qui ont déjà signé ces règles et statuts, ainsi que ceux qui viendront s'y joindre, à s'y conformer, sous l'application des peines et amendes y décrites en détail. Ce que faisant, etc.

Les suppliants en personne :

François Minne, fils de Jean.
Jean Deynoot, fils de Jean Nicolas.
Martin Menne.
Pierre van Melle.
Voici la marque (+) de Jacques Minne, fils de Jean.
Jacques van Loo, fils de Jean, Jacques.
Voici la marque (+) de Gérard Minne, fils de Guillaume.
Voici la marque (+) de Liévin van Loo, fils de Bartholomé.
Jean Van Loo, fils de Jean.

(1) Archives de la ville de Gand. Série 157-40, n° 4.

François van Loo, fils de Jean.

Jean van Loo, fils de Jacques.

Voici la marque (+) de Pierre Minne, fils de Jean.

Voici la marque (+) de François van Loo, fils de Jacques.

Voici la marque (+) de Jean Deynoot, fils de Jean, Laurent.

Parmi les quatorze bouchers formant la confrérie, en 1732, il y en avait donc six, soit près de la moitié d'illettrés ! Cela justifie pleinement la rédaction originale de la requête.

Les statuts y annexés, dont l'approbation était sollicitée en même temps, comprenaient quatorze articles, en voici le résumé :

1. — Aucun homme, ni femme mariée ou non mariée, ne peut être admis dans le confrérie, à moins qu'ils ne descendent d'un boucher libre de la ville de Gand. Exception est faite pour les membres du clergé.

2. — le nouveau confrère doit verser un droit de décès *(doodschuld)* s'élevant à au moins dix escalins de gros. Ce droit sera utilisé à l'ornementation de la chapelle de la confrérie.

4. — Les confrères sont obligés d'assister les lundis de chaque semaine à la messe qui sera célébrée dans la chapelle de la confrérie, et d'aller à l'offrande, sous peine d'une amende de quatre gros. Le produit des amendes et de l'offrande servira à payer l'ornementation de la chapelle.

5. — Le doyen devra tenir tous les deux mois une réunion *(boeteneed)* dans la chambre de la grande boucherie. Les confrères doivent y assister, sous peine d'une amende de six sols.

6. — Si pendant la messe hebdomadaire un confrère se permettait de parler, de rire, ou de commettre quelque autre insolence *(insolentie)* il sera puni d'une amende de huit gros.

7 et 8. — Obligation d'assister à l'enterrement *(uitvaert)* des confrères défunts et à la messe de «Requiem» qui sera chantée en la chapelle du «*Vleeschhuis*» pour le repos del'âme du défunt.

9. — Si pendant les réunions des confrères hommes ou femmes *(confreers ofte confreressen)* devaient s'injurier, se traiter de menteurs *(heeten lieghen)* se faire des affronts *(affronteeren)* ou entrer en furie *(in furien)* soit par paroles ou par actes *('t zij met woorden ofte werken)* il lui sera chaque fois infligé une amende de deux escalins gros *(twee schellinghen grooten)*.

10. — Le doyen pourra fixer un jour pour aller à la chasse et tous les confrères devront être cités convenablement *(daghvaerden)* par le valet de la confrérie, et celui qui ne participe pas à la partie payera une amende de deux escalins gros, et cette amende pourra être déspensée par les présents qui devront se rencontrer chez le Veneur à huit heures du matin.

11.— Pour gagner l'indulgence plénière (1) les «*confreers*» et «*confreeressen*» sont «*verobligés*» de «*compareren*» le dimanche suivant la fête de saint Hubert, au service solennel qui sera chanté dans la chapelle du «*Vleeschhuis*» et de communier à cette occasion, sous peine d'une amende de un escalin, et de même d'assister, l'après midi, au salut et au sermon, sous peine de se voir appliquer la même amende.

12.— Tous les deux ans il sera nommé un nouveau doyen, et le don de table *(gifte ter taefel)* qu'il donnera, à cette occasion, ne pourra dépasser seize escalins gros courant *(zesthien schellingen grooten, wisselgelt)*.

13. — Il sera nommé un trésorier tous les deux ans qui aura à rendre ses comptes entre les mains du doyen et des confrères compétents.

14. — Finalement, ceux qui ne viendraient pas à la réunion du jour des Rois payeront une amende de deux escalins et les «*presenten*» pourront dépenser *(verteiren)* les amendes à payer par les «*absenten*».

Ces statuts portent l'approbation, sous la date du 2 octobre 1732, de «*Joanees Baptista door de gratie Gods ende den H. Apostolycken stoel Bisschop van Gendt*», mais l'évêque se reservait le droit de modifier

(1) Il s'agit de l'indulgence plénière accordée par le pape Clément XII, le 11 octobre 1732.

ces statuts, de les augmenter, diminuer, le tout à sa guise (*naer ons goet duyncken*) ainsi que de trancher les conflits qui pourraient naître à l'occasion de la création de cette confrérie de saint Hubert.

* * *

Nous n'avons malheureusement pu découvrir dans les archives gantoises, un des menus des repas servis aux « *confreers* » et « *confreeressen* », le jour de la St Hubert ou de la fête des Rois. Il serait superflu de dire que lorsqu'il est parlé dans les art. 10 et 14 de « *teiren* », c'est-à-dire « dépenser », c'est à un plantureux repas qu'on qu'on fait allusion ! Au début, le principal banquet de la corporation des bouchers se donnait à la chandeleur, et un second, de moindre importance, le jour de la Fête-Dieu. Au XVIIe siècle les progrès faits en ce domaine culinaire étaient marquants : le nombre des banquets traditionnels atteignait le respectable chiffre de cinq !

A la Fête-Dieu, le jour de l'élection des jurés, lors du partage des stalles,ou échoppes à la halle,à la StHubert et àl'ouverturedelachasse.

La chanson à boire (*Banquet-refrein*), qu'on chantait à l'occasion de ces joyeuses réunions, se trouve inscrite sur une des pages du régistre du métier en usage en 1490.

La voici :

« *Ghesel le, wel lieve ghesel le*
Ic hebbe hu langhe ghezocht,
Ende nu hebdy my vonden —
Wat goedts hebdy my brocht ?

« *Dit croesekin metten wyne*
Daer heist goedt by te zyne :
Die mee valt ons te soet.
Nu drinct my, lieve ghesel le,
Dat hu God seynen moet !

« *Maer als ic zynghe : «boonhuert»*
Dan zedt dat croesekin an ;
Ende als ic zynghe: «boonhuert, boonhuert»,
Zo sceedtter vroelic van ! »

Ces rimes là ne se laissent malheureusement pas traduire. C'est en résumé, une invitation à vider et à remplir la cruche pour la vider encore ; cette bonne et légendaire cruche que le peintre Martin de Vos a si bien placée au milieu des musiciens de sa *Tentation de St Antoine*, de la St Huybrechts Gilde d'Anvers.

* * *

On aura remarqué, que d'après les statuts, toutes les réunions de bouchers se tenaient dans le *Vleeschhuis* (boucherie) à la *camere,* ou salle de réunion.

La boucherie de Gand était, au dire de Sanderus, la plus belle de l'Europe. La plus ancienne boucherie, dont il soit fait mention dans les archives de la ville, était une baraque ou hangar en bois qui existait encore en 1377.

La prospérité croissante de la ville fit sentir la nécessité d'avoir une halle convenable, au lieu d'une vilaine maison de bois (*dat leelic houte huus*) ainsi qu'on l'appelait.

En 1408, on commence les travaux d'une nouvelle boucherie, qui fut achevée en 1410, et disposée pour 116 étaux, ou stalles.

Au milieu de la façade de devant, dans une niche, se trouve l'image de la sainte Vierge Marie, ayant l'Enfant Jésus sur son bras gauche et un encrier dans la main droite. L'Enfant Jésus tient à la main droite, une plume, qu'il avance vers l'encrier.

On s'est souvent demandé quelle signification pouvait avoir cette singulière image.

Cette statue n'est pas la seule qu'on trouve en Flandre avec des attributs semblables, il en existe, ou du moins il en existait une pareille à Bruges, sur la façade de l'hôtel-de-ville.

Comme à Bruges, on dressait l'échaffaud devant l'hôtel-de-ville, à Gand, à côté de la boucherie, ces attributs pourraient bien être une allusion à la grâce que le Fils de Dieu et sa sainte Mère accordent aux malfaiteurs, pourvu qu'ils se convertissent à Dieu avant de subir leur peine ; c'est Jésus signant la lettre de grâce qui leur ouvre le ciel.

C'est au fond de la halle qu'était construite la chapelle consacrée à saint Hubert.

Derrière cette chapelle, se trouvait la sacristie, qui servait en même temps, comme dit plus haut, de salle de réunion, à la direction du métier.

Les chasubles, les chapes, etc., étaient d'une grande richesse. Tous les objets servant à la célébration du culte étaient en argent, quelques uns en or, avec l'image du patron saint Hubert et le blason du métier.

Tous ces ornements sacerdotaux étaient conservés dans un grand meuble à tiroirs.

A gauche, on voyait un banc élevé garni de velours vert, où se plaçaient les dignitaires de la corporation pour discuter les intérêts du métier, ou pour siéger, en costume de cérémonie, comme tribunal chargé de prononcer les sentences relatives aux transgressions commises par les suppôts.

Il s'y trouvait aussi une armoire, en bois de chêne, avec portes allant jusqu'au plafond, où l'on renfermait les bannières, les étendards, les douze torchères et autres objets.

On gardait également avec soin, dans la sacristie, une clef, qui servait, sous l'invocation de saint Hubert, et après un certain exorcisme, à se prémunir contre la rage.

La sacristie fut repeinte à neuf et les chaises recouvertes de velours, en 1692, aux frais du supérieur Messire Hyacinthe van Potelsberghe seigneur de Herleghem et de Messieurs Jacques et Nicolas Deynoodt.

B — Cerf avec blazon de la corporation (1692)
(se trouvait placé au dessus de la sacristie de la chapelle consacrée à saint Hubert)
Musée de la Biloque, à Gand.

Au dessus de la porte d'entrée, on plaça, en souvenir de ce fait, un cerf couché, ayant le blason de saint Hubert au cou, et une épigraphe en lettres d'or avec les armoiries des donateurs.

La chapelle possédait aussi un reliquaire avec lequel on bénissait le jour de la St Hubert et qu'on présentait à baiser. Nous empruntons le dessin et la description à Minard van Hoorebeke :

«Ce reliquaire consiste en une plaque en argent ciselé et repoussé, au milieu de laquelle figure un riche écusson, ovale représentant saint Hubert dans la fôret des Ardennes au moment où il rencontre le cerf qui porte la croix sur la tête. Au bas, près des reliques, deux chiens.

«Dans la partie du dessous de l'écusson, on voit un petit médaillon ovale renfermant les reliques de St Hubert gardées par deux chiens. Au haut de l'écusson sont deux cors de chasse, disposés en croix, entre les arbres, aux pieds desquels reposent deux chiens.

Sur les côtés deux gibecières pendent aux arbres.

Ce reliquaire, qui date du XVIe siècle, est fort curieux, d'un dessin correct et travaillé par une main habile. »

Quand on examine ce reliquaire, en tenant compte des détails que nous avons donnés au sujet du droit de chasse des bouchers et de la manière dont cette chasse s'exerçait, on constate que la description de l'archéologue Minard demande à être complétée et rectifiée.

Ce qu'il qualifie de «gibecières» pendant aux arbres,sont en réalité des «fauconnières» dans lesquelles les fauconniers déposaient les petits accessoires dont ils avaient besoin pendant les expéditions de chasse.

Les fauconnières rappellent ici le privilège octroyé aux bouchers, de chasser tous les gibiers à l'aide du plus «noble» d'entre les oiseaux : le faucon. (1)

De même, les deux chiens «couchants» et les deux lévriers, remplissent ici le rôle d'animaux «symboliques», représentant la «noble chasse à courre» ou à «force».

Par un édit de 1613, que nous avons déjà commenté, Albert et Isabelle réglaient sévèrement la détention de ces deux espèces de chiens :

«Il est permis à ceux ayant le droit de chasser, de tenir des chiens de chasse *qui des souverains des Pays-Bas ont toujours esté tenuz en grand estime*» (art. 47).

Par les art. 56 on précisait que les chiens «couchants» *(ligh-honden)* appartenant à des non privilégiés, seraient confisqués, afin d'en diminuer le grand nombre, et par l'art. 55, on décrétait «que nul ne pouvait tenir des chiens «courants» (2) *(ligh-honden)* «que celui qui a pour ce titre et privilège, encore ce ne peut-il être dans les franches garennes royales, sous peine de confiscation des chiens et 60 royaux d'amende».

Les deux trompes aussi ont, dans le reliquaire, une signification particulière. Nous l'expliquerons dans un chapitre spécial.

En représentant ainsi symboliquement, sur le reliquaire, leurs précieux privilèges en matière de chasse, les bouchers ont certainement été inspirés par leur foi en la protection du patron de la chasse.

---

(1) «*Hayr met hayr ende pluym met pluym*» (c.-à-d. avec chiens et faucons), art. 29 de l'édit de 1613.

Aux termes des art. 62 à 71, il était interdit «aux non privilégiés de tenir ou de transporter des oiseaux, tels qu'autours, tiercelets, éperviers, faucons, émérillons et autres de poing ou de leurre.»

Les paysans qui trouvaient de ces oiseaux, fussent-ils entre leurs poules ou leurs pigeons ne pouvaient les tirer ou les retenir, à peine de punition arbitraire (art. 67).

(2) Les mots chiens «courants» et chiens «couchants», inscrits dans le texte français de l'édit de 1613, sont rendus, dans le texte flamand, par le même terme de «*ligh-honden*». En réalité c'étaient les mêmes chiens. On les nommaient aussi «*Bracken*» braques.

C'est encore le même sentiment qui les aura animés quand ils ont fait construire à grands frais, en 1708, une grille en fer forgé pour séparer la chapelle de la grande salle du *Vleeschhuis*.

Par la partie supérieure de cette grille, l'on pouvait regarder à l'intérieur de la chapelle. Dans les panneaux inférieurs, l'artiste ferronnier avait représenté la légende de saint Hubert avec le cerf crucifère.

Reliquaire de saint Hubert
ayant appartenu à la corporation des bouchers.
(Ancienne collection Minnaert-Van Hoorebeeke à Gand)

Quand, en 1828, l'admirable chapelle fut désaffectée, la grille fut vendue et expédiée en.... Angleterre ; le réliquaire fut acquis par l'archéologue Minaert-van Hoorebeeke, pour échouer en suite, on ne sait où ; le cerf blasonné alla enrichir le musée de la Biloque à Gand avec quelques autres souvenirs épars de la confrérie.

Ainsi furent dispersés, un peu au hasard, ces touchants et pieux souvenirs de la plus ancienne des corporations gantoises. N'est-ce pas le cas de dire avec Edouard Michel, que, par une légende peut être favorisée à dessin, on tend à rejeter sur les révolutions, la responsabilité de la disparition de tant de nos trésors archéologiques, laissant ainsi dans l'ombre tout ce que l'ignorance, l'inertie ou la mauvaise volonté des pouvoirs publics ont laissé perdre pendant le XIXe et XXe siècle.

Les responsables, conclut le même auteur, ce sont les administrations nationales, provinciales ou communales, les innombrables commités qui ont la garde de cet héritage précieux et le laissent dilapider avec indifférence, tout en déplorant la Révolution française.

Contre ce mal là, un peu de vigilance et de volonté pourrait beaucoup, ne l'oublions pas. (1)

VI. — La Confrérie de saint Hubert à Esneux (Liége).

Après les ordres « nobles », les corporations de métiers et les simples groupements de chasseurs, ayant pris saint Hubert comme patron, il nous reste à parler sommairement des ordres «populaires» et des sociétés de chasseurs de moineaux et de taupes, qui se sont formés dans le cours du siècle dernier, et qui, à l'instar des groupements primitifs, se sont placés sous la haute protection du grand Evêque.

Comme exemple typique d'un de ces ordres populaires, on peut citer la Confrérie de saint Hubert, à Esneux (Liége). Quant aux «Mussegilden» (chasseurs de moineaux) elles n'ont existé que dans la campine anversoise. Il en sera parlé plus loin.

Il ne nous a pas été possible de retrouver dans les archives de l'église d'Esneux, très aimablement mises à notre disposition par le révérend curé, M. l'abbé Simonis, la date de la fondation de la confrérie de saint Hubert.

D'après le seul régistre que nous avons découvert, cette fondation remonterait à 1849, mais il est fort probable que cette date marque plutôt la réorganisation, sur des bases nouvelles, d'un «ordre» de saint Hubert, ou même d'un simple groupement de chasseurs ayant eu saint Hubert comme patron.

L'église possède, en effet, une statue en bois qui semble dater du XVIIIe siècle, et qui représente saint Hubert en évêque, tenant d'une main un petit cor de chasse, et de l'autre, sa crosse. Comme facture et style, cette statue ressemble beaucoup à celle surmontant un des autels de l'église abbatiale de la capitale des Ardennes.

On retrouve aussi, dans les comptes de 1849, des dépenses relatives à la «restauration» du tableau représentant la conversion de saint Hubert «afin de le placer à l'église», ajoute une délibération de 1852. Ce tableau appartenait-il à un particulier ou à une société, avant d'être placé dans l'église ? On l'ignore.

Les archives, quoique fort bien conservées, sont difficiles à consulter, à défaut d'un inventaire. M. le curé Simonis n'a pu donner aucun renseignement personnel au sujet de ce tableau. Il a pourtant existé,

(1) *Abbayes et Monastères de Belgique* (p. 55), par Edouard Michel Bruxelles et Paris. G. Van Oest et Cie, 1923.

puisque les comptes relatent «qu'en 1853, il a été payé vingt francs à M. Goffin, restaurateur à Liége, pour restaurer le tableau représentant la conversion de saint Hubert».

On note encore, la même année, une dépense du même import pour «dorer les cadres de quatre tableaux placés à l'église».

Ensuite, pour restaurer «*La fuite en Egypte*» placée au-dessus du banc de la confrérie : 10 frs.

Ces tableaux ont également disparu. Il n'y a que le banc de la confrérie qui se trouve encore dans l'église. Il est réservé aux Grands-Maîtres, dont nous parlerons plus loin, et l'on y voit encore un tronc en fer «pour les quêtes à faire», dit la délibération de 1850. Un des grands-maîtres se chargeait personnellement de ces quêtes, le dimanche pendant les offices ordinaires. La chose se pratique encore actuellement, et la quête terminée, on voit le dignitaire de la confrérie en verser le produit dans le tronc à ce destiné (1). La sébile, utilisée à l'occasion de ces quêtes, est surmontée d'une statuette en cuivre repoussé, représentant saint Hubert avec le cerf.

Avant la guerre de 1914, les collecteurs avaient pour coutume de remercier en disant : «*que saint Hubert vous préserve de la rage*,» chaque fois qu'un fidèle laissait tomber une obole dans la sébile.

Ce n'est évidemment pas avec ces maigres offrandes, se chiffrant annuellement par une quarantaine de francs, que la confrérie pouvait s'offrir le luxe d'acheter «un beau drapeau qui sera hissé dans le chœur aux grandes fêtes, à côté de la statue de saint Hubert et porté à la procession avant la confrérie.» Cette délibération est prise après à peine une année de fonctionnement de la confrérie. Il faut donc supposer, ou bien, qu'elle avait repris un certain avoir d'une confrérie précédente, ou bien qu'un donateur se sera montré exceptionnellement généreux.

Pour provoquer cet élan de générosité, les fondateurs créèrent six mandats de «*Grand-Maître*», et ils décidèrent en même temps, que ce nombre ne pourrait jamais être augmenté.

La première élection de grand-maître, dont le registre de la confrérie fasse mention, est celle de M. le chevalier de Behr, Hubert Dumonceau Fless. En 1853, il se présente un nouveau dignitaire, M. Joly, Hubert, et, en 1861 et 1862, le conseil ne s'étant plus réuni, M. le curé nomme lui-même deux nouveaux grands-maîtres.

Ce titre était transmissible, ainsi qu'il appert d'une délibération de 1896, relatant «que le conseil donne communication d'une lettre de M. Victor Laruelle, par laquelle celui-ci cède à Jean La Caille tous ses droits de grand-maître.»

On peut en conclure, que le titre était bien porté à Esneux et que les dignitaires y tenaient beaucoup. Les obligations y afférentes étaient du reste légères à porter :

(1) En 1893, on décide de placer une seconde serrure sur ce tronc, sans indiquer les motifs justifiant cette délibération.

Assister ponctuellement à la procession annuelle et aux obsèques des confrères (ils étaient peu nombreux, 86, en tout). Suivant une décision de 1895, les grands-maîtres doivent dans les processions «entourer la bannière de St. Hubert, ou se faire remplacer, sous peine d'une amende de cinq francs.» Malgré l'amende, l'obligation d'assister en grand apparat à la procession n'était pas bien observée par les grands-maîtres, sinon on n'écrirait pas, en 1897 : «Une fois de plus on revient sur l'obligation pour les grands-maîtres d'assister ponctuellement à la procession et de ne se faire remplacer qu'en cas d'absolue nécessité. Les grands-maîtres, en eflet, se considèrent comme obligés de donner l'exemple et de ne pas paraître honteux de faire partie de la confrérie. On exigera donc l'amende décrétée dans la séance du 18 janvier 1895, où le grand-maître sera prié de donner sa démission. Les membres civils de la procession se réuniront quinze jours avant la procession avec les membres de la confrérie de Ste-Barbe, pour arrêter les détails de la procession.»

Toute l'activité de la confrérie semble s'être concentrée sur le lustre à donner à cette procession. Ceux qui y participent, comme représentants de la confrérie de St. Hubert, doivent porter en évidence, à la boutonnière, un cornet en argent (délibération de 1854) et plus tard, on prie M. le Curé de veiller à ce que le porte-drapeau de la confrérie soit *«autant que possible en tenue, habit noir, cravate blanche et chapeau haut de forme.»*

C'est donc bien l'éclat de la procession annuelle qui préoccupe les membres de la confrérie, et nulle part on ne relève la moindre allusion à une réunion profane, à un repas, ou à une partie de chasse.

La confrérie n'est pourtant pas une association pieuse dans le genre de celle fonctionnant dans maintes paroisses. Le titre de «Grand-Maître», le nombre limité de ceux-ci, ainsi que le petit nombre des membres, font de la confrérie d'Esneux un groupement rappelant, par ses titres, et par son organisation, les premiers ordres «nobles» de St. Hubert.

Il est probable que parmi la petite centaine de membres, composant la confrérie d'Esneux, il n'y avait guère de chasseurs. Cela n'empêche, qu'ils font parler la poudre, mais seulement le jour de la procession, en tirant des campes !

Depuis 1876, on porte en compte, à cet effet, des sommes variant de cinq à vingt deux francs. En voici un exemple se rapportant à l'année 1880 :

«Payé à Winand Lacrosse pour deux bouteilles de vin de Bordeaux et au porteur de drapeau pour cinq kilos de poudre et pour le tireur de boîtes . . . . fr. 22.50

Dix ans plus tard, on reconnaît la nécessité de mettre encore mieux en relief l'importance de la confrérie de saint Hubert, en la faisant précéder d'une société de musique. Malheureusement à Esneux, comme dans toute localité qui se respecte, il y a deux «harmonies» et pour ne froisser ni l'une, ni l'autre, les confrères en saint Hubert «discutent», dit un grave procès-verbal de 1894, «*le point de savoir s'il y a lieu d'inviter à la procession du saint Sacrement, alternativememt l'une ou l'autre harmonie d'Esneux. M. Ad. Nanne se charge de faire les démarches dans ce sens auprès des deux sociétés d'harmonie, en leur faisant remarquer que leur présence éventuelle à une cérémonie antireligieuse rendrait à l'avenir une invitation à la procession impossible. La réunion vote à l'unanimité une somme annuelle de cinquante francs et décide de maintenir des tirages de boîtes à la St. Hubert, à dix francs.*»

«*La «Lyre Esneutoise» qui s'est présentée la première — conclut le même procès-verbal — sera invitée pour la procession cette année.*»

Une autre délibération, qui semble avoir été provoquée par quelque dispute de village, est libellée comme suit :

«*La confrérie décide que la messe de M.... grand-maître, se dira à dix heures, malgré l'avis des parents demandant une messe à sept heures.*

C'est en effet, non vis-à-vis des parents, mais vis-à-vis du défunt que la confrérie doit en justice la messe qui a été promise au défunt au temps où il était sur la terre. Personne ne peut la délier de cette obligation.

Le procès-verbal relatant cette délibération, note également que l'encaisse de la confrérie s'élevait, à cette époque, à plus de deux mille francs. Sur cet avoir on préléva, en 1853, les frais occasionnés «*tant pour ornement de la statue, tableau et reliquaires de saint Hubert, que pour orner le reste du chœur* »

Un de ces reliquaires a été exécuté par M. Hardy, orfèvre à Liége. Il est en cuivre doré et à la forme d'une petite chapelle gothique, Sur les portes on voit une minuscule légende de la conversion de saint Hubert, peinte sur émail. C'est un don de Madame de Montefiore.

A gauche du maître-autel, on a placé un très beau vitrail représentant la vie du Patron des chasseurs. Cette belle œuvre d'art a été offerte au révérend curé d'Esneux, M. l'abbé Simonis, à l'occasion de son jubilé.

VII. — Les „Mussengilden" ou Chasseurs de Moineaux.

Ce n'est que dans la Campine anversoise, à Schilde, à St-Antoine et dans d'autres villages des environs, que ces groupements populaires de chasseurs de moineaux ont existé.

Ils avaient pris le nom flamand de «*Gilde van Sint-Huybrecht*», suivi du nom du village. A quelques détails près, les statuts régissant ces «sociétés» actuellement disparues, étaient les mêmes dans toute la Campine. Elle datent du XVIIIe siècle, comme le mot de «société» relevé dans les statuts semble l'indiquer. Rien d'étrange donc à ce que les apellations de doyen (*deken*), valet (*knaep*) etc., se rencontrent dans les statuts, qui ont certainement été calqués sur ceux rédigés par les fondateurs des confréries de saint Hubert de plus aucienne date.

Comme le but principal poursuivi par les membres de ces sociétés, paraît avoir été la chasse aux moineaux et aux... taupes (*mollen*) il leur a paru, que de tout le calendrier, le grand chasseur, saint Hubert, était le seul digne d'être choisi comme patron et protecteur !

En lisant les statuts, on remarque de suite, que les préoccupations de ces confrères des «chasseurs de casquettes» de Tarascon, se concentraient sur les dispositions relatives aux «*Teeringen*» (régals) de la St.Hubert et aux beuveries (*aftappen van bier*) accompagnant obligatoirement la désignation annuelle, par voie de concours de tir à l'arc, du «*Roi*» de la confrérie (art. 19 et 20).

Mais parlons d'abord du but de la société :

Art. 3. — Tous les mois, les membres doivent remettre au chef (*hoofdman*) de la Gilde ou à ses délégués, *deux têtes de moineaux* encore recouvertes de plumes, et deux pattes de devant de taupes, ou bien payer, pour chaque tête de moineau ou pour chaque patte de taupe manquante, une amende de trois centimes.

Art. 5. — Le tribut détaillé à l'art. 3 devra être livré le premier dimanche de chaque mois, de six à huit heures. Ceux qui n'auront pas été présents à cette réunion payeront une amende de dix centimes.

Art. 8. — Les jurons (*vloeken of Godslasteringen*) proférés par des membres de la société seront punis, la première fois, d'une amende de 25 centimes, la seconde fois de 50 centimes, et en cas de nouvelle récidive, le défaillant sera chassé de la société, comme indigne, et son nom biffé de la liste des membres.

En dehors du banquet annuel de la St Hubert qui, comme partout ailleurs, était précédé d'une messe obligatoire, les statuts prévoient encore de nombreuses réunions accompagnées, cela va sans dire, de «tournées» de bière.

Quand un confrère (*gildebroeder*) venait à décéder, le corps était porté à l'égise et au cimetière par ses confrères. Si c'était une femme par ses «*confreressen*».

A l'offrande, le jour des obsèques, le confrères avaient le droit de prendre le pas sur les membres de la famille du défunt.

Quelques jours après les funérailles (*uitvaart*) il était chanté une messe, au frais de la Gilde, pour le repos de l'âme du défunt. Les confrères étaient obligés, sous peine d'amende, d'assister à ce service. Celui-ci terminé, ils se rendaient au local de la société pour y boire le «*lijkbier*» (bière d'obsèques) que la famille du défunt était tenue de payer.

Quand un célibataire, ou un veuf, faisant partie de la Gilde, se mariait, il était tenu d'offrir un demi-tonneau de bière à ses confrères.

Un autre coutume campinoise, dont nous trouvons l'exposé dans les chroniques (1) très intéressantes signées Joseph Cornelissen, folkloriste à Brecht, est celle qui est rapportée de la manière suivante :

« Dans le temps, les confrères (*gildebroeders*) jouissaient du privilège de pouvoir chasser une fois l'an. Ils nommèrent alors un directeur de chasse (*jachtmeester*) ayant pour mission de régler et de diriger la chasse. Tout le monde était tenu de participer à cette chasse, soit comme tireur, rabatteur ou traqueur. Dans la suite, l'usage d'armes à feu fut interdit et l'on ne permit plus que la capture des lapins à l'aide de filets. Quelques années plus tard, ce mode de capture du petit gibier fut également interdit et l'on toléra seulement de tuer les lapins à coups de bâtons. Actuellement toute chasse est interdite.

Il faut croire que la bière était très capiteuse dans la Campine anversoise, sinon les statuts des «*Sint Huybrechtsgilden*» n'eussent pas stipulé, que, lors des réunions et fêtes, le doyen (*hoofdman*) pouvait interdire le débit de boissons, à partir de dix heures du soir. Il avait également le droit, en cas de disputes ou de désordres (*kwestie of wanorde*) de mettre immédiatement fin à la fête et d'infliger aux récalcitrants une amende d'un franc.

Pour finir, les statuts décrétaient, que la bière devait être placée dans la place même servant de local à la société, et que l'entrepreneur du soutirage (*aannemer voor 't aftappen*) serait payé à raison de un franc quatre vingt centimes le tonneau !

Ce n'est donc plus par cruche, comme à la «St Huybrechtsgilde » d'Anvers, que comptent les confrères campinois, mais par tonneau. Il y a progrès, du moins pour la contenance....

Le gibier capturé ou tiré devait être apporté au local de la «Gilde» pour y être vendu, au plus offrant. Le produit de la vente était versé dans la caisse commune.

Le fait que le gibier était vendu, et la minime importance de la cotisation des membres (25 centimes par mois) permettent de conclure que ces sociétés campinoises représentaient la forme la plus populaire de toutes les sociétés de chasse placées sous le vocable de saint Hubert.

* * *

Nous avons ainsi été conduits, sous l'égide du Patron de la chasse, dans toutes les classes sociales, en commençant par la chevalerie à plusieurs quartiers de noblesse, pour passer ensuite par la haute bourgeoisie des villes, alliée aux corporations de métiers, et pour finir par les frustes paysans campinois.

(1) Voyez «*Ons Volksleven*». Bulletin de la société archéologique de la Campine anversoise. Année 1894, page 61 à 67.

A tous ces degrés de l'échelle sociale, on a constaté l'existence d'une dévotion plus ou moins grande à l'égard de saint Hubert. Les manifestations extérieures de ce culte ont nécessairement dû évoluer avec le temps, et elles ont dû s'adapter aux mœurs nouvelles. Une chose toutefois est restée aussi immuable que vivace : c'est d'abord, le goût pour les réunions et les banquets, ensuite le besoin, pourrait-on dire, de se distinguer du commun des mortels par le port d'un titre, d'une décoration, d'un ruban, ou même d'un simple insigne, comme le symbolique cor de chasse de St Hubert.

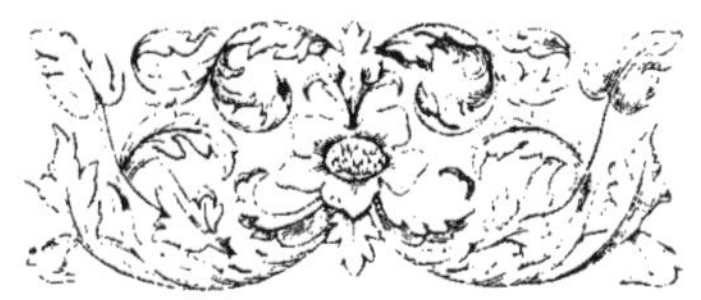

QUATRIÈME PARTIE.

I. — Les cors de chasse : comme emblèmes religieux, comme insignes pour les chasseurs, comme accessoires de chasse.

En examinant les innombrables représentations artistiques, populaires, et naïves mêmes, de la légende de saint Hubert, on constate souvent que l'un ou l'autre accessoire a été omis ou oublié. L'une fois, le cheval est absent, une autre fois, ce sont les chiens, ou même le crucifix entre les cornes du cerf (1). Mais le cerf lui-même, et surtout le cor de chasse du saint, ne feront jamais défaut.

Cerf et cor sont pour ainsi dire inséparables. L'un et l'autre, diraiton, ont été choisis par le Seigneur pour faire connaître ses volontés. Mais si la légende du cerf portant à Hubert la parole divine est connue, celle relative au cor de chasse, l'est beaucoup moins. Elle mérite donc d'être rappelée, car elle motive, pensons-nous, l'adoption du cor de chasse, comme emblème religieux et symbolique.

En vertu d'une légende antique, rapporte l'abbé Auguste Mertens (2) saint Hubert chassant un jour dans la forêt de Soignes, accrocha son olifant aux branches d'un arbre mystérieux. Ce cor y est toujours; il veille dans la sollitude immense de la forêt sur le voyageur attardé. Malheur à qui y tramerait un complot malfaisant; une formidable sonnerie de trompe ébranle la forêt et jette le nom du coupable à tous les échos d'alentour. Ce fut grâce à cette sécurité, que le saint y assure, que, le vendredi 6 décembre 1426, le duc Jean IV, à la chasse au daim dans la forêt, près de son castel, échappa aux mains des hommes appostés pour l'assassiner et l'enlever.

C'est peut-être en souvenir de cette légende, que le nombre de chapelles et sanctuaires élevés dans la forêt de Soignes est si important. On en trouve la description dans la si intéressante *Histoire de la*

(1) Dans la conversion de saint Hubert (ou de saint Eustache) de J. Breughel, le cerf ne porte pas la croix. Ce tableau se trouve à Madrid (Gall. del Prado.)

(2) *Etude sur l'Eglise de Tervueren*, p. 108.

Forêt de Soignes (1), par Sander Pieron. Voici ce que l'auteur dit de la chapelle et du cor de chasse.

Parmi les chapelles émaillant la lisière de la forêt de Soigne, les plus fameuses, étaient celles de la Sainte-Vierge, à Stalle; de Saint-Job, à Carloo, que l'on allait invoquer contre les ulcères; et de Saint-Hubert, à Tervueren. Toutes trois existent encore; mais la dernière seulement a une histoire attachante. Elle est contemporaine d'Albert et Isabelle. Elle fut, en effet, construite sur les ordres des archiducs, vers 1610, par l'architecte de la Cour, W. Coeberger. Selon la légende, elle occuperait la place où se dressa la villa dans laquelle saint Hubert mourut, place où une première chapelle castrale, bâtie par les souverains brabançons, s'élevait auparavant. L'archevêque de Malines, Mathias Hovius, ou Van Hove, dont le nom se rencontre dans les cérémonies de presque tous les établissements religieux de la forêt de Soigne, la consacra, en 1617, et la dédia au patron des chasseurs. Autrefois, les moines de l'abbaye de Parcq célébraient chaque jour la messe dans le temple. Celui-ci a conservé tout son caractère architectural; rien n'est plus joli que sa façade de style Renaissance, en briques rouges, rayée de cordons de pierres blanches horizontaux, sur lesquelles le temps a mis sa patine harmonisante.

La chapelle était ornée jadis d'œuvres d'art; on remarque encore aujourd'hui (2) dans le maître-autel un beau tableau de Gaspard de Crayer retraçant la Conversion de saint Hubert, tableau malheureusement abimé par l'humidité. A droite, dans la nef, est une grande toile, attribuée par certains à Gaspard de Crayer, par d'autres à Théodore Van Loon et à W. Coeberger; elle représente saint Jean-Baptiste et saint Jean l'Evangéliste des deux côtés de la sainte Vierge. De nombreux tableaux ont disparu, nous ignorons à la suite de quelles circonstances, notamment des œuvres de Schut, de Breughel et des copies de Van Dyck et de Dürer. La nef a dix-sept mètres de longueur et six de largeur. Le préfet de la Dyle ordonna la fermeture de cette chapelle; on rouvrit ses portes sous l'Empire. Durant plusieurs années, elle avait servi de magasin de fourrages du dépôt général des étalons, c'est-à-dire du haras établi dans le parc de Tervueren. Lorsque le prince d'Orange prit possession du pavillon construit pour lui par la Nation, il devient propriétaire de l'oratoire que de si délicieuses légendes populaires entourent et que tant de peintures reproduisirent.

Il la fit restaurer à ses frais et la rendit au culte catholique, le 23 octobre 1826. Après la Révolution belge, elle tomba dans un nouvel abandon et on n'y célébrait plus qu'irrégulièrement les services divins. Aujourd'hui elle reste close; le temps insensiblement la détériore et l'humidité mine ses vieillas murailles vénérables. Une fois par an, le 3 novembre, jour de la Saint-Hubert, la porte de la chapelle s'ouvre pour livrer passage à quelques chasseurs en tenue et aux habitants de la commune, qui, fidèles à la tradition antique, accomplissent un pieux pélérinage qui tend à disparaitre complètement bientôt. Ce pélérinage, cependant, attirait autrefois une foule nombreuse à Tervueren; de tous les coins du pays on venait invoquer le patron des chasseurs, contre la rage et contre les maléfices. « Le lieu où il avait vécu et où il était mort, était le terme obligé de la voie processionnale, « *St Hubertus-weg*. » Depuis les temps les plus reculés jusqu'en 1722, la grande procession de la kermesse commençait son itinéraire, en se rendant à la chapelle du château ducal, par la porte Hubertine. L'officiant portait le cor de chasse en ivoire de saint Hubert, conservé, comme on sait, à l'église paroissiale; il marchait sous un baldaquin porté par quatre valets de limiers de la vénérie de Boitsfort, en grande livrée, précédés des gildes, des corporations en costume d'apparat, et qui suivaient fièrement leur « alferus » enrubanné, monté sur un cheval caparaçonné. La procession se faisait au son des trompettes et au bruit des salves d'artillerie et de mousqueterie. L'abbé Mertens, rappelant le pouvoir que le saint, avait contre la rage, reproduit le témoignage d'un jésuite de Trèves, Johan Roberti, qui, il y a trois siècles environ, en 1614, avait vu la première chapelle en ruine, à la veille de sa restauration : « Si à Tervueren ou dans les environs, il est un chien enragé, il est parfaitement inoffensif et ne cherche à mordre personne, mais prend sa course vers le parc seigneurial, blottit la tête dans quelque angle de la chapelle et y meurt tranquillement sans avoir nui.

(1) Bruxelles. Charles Buelen, Editeur, 1905, p. 77 et 443.

(2) Tous les tableaux ont été enlevés de la chapelle. Celui de G. de Crayer se trouve au Musée Royal des Beaux Arts, à Bruxelles.

Un cor de chasse presque semblable a celui conservé à Tervueren, fait partie du Trésor de l'église abbatiale de St. Hubert-en-Ardennes.

Ce cor, tout comme celui de Tervueren, est en ivoire. Il a 53 centimètres de longueur et il est garni de plaques de cuivre.

Sur le cliché, que nous devons à l'aimable obligeance de Monsieur l'abbé Schméler, doyen de St. Hubert, est encore représenté, la volute en ivoire d'une crosse d'un travail soigné, ef un peigne liturgique, tous

Cor de chasse de saint Hubert

Peigne liturgique en ivoire — Partie de crosse en ivoire
Pixyde en cuivre émaillé

(Cliché gracieusement prêté par l'abbé Schméler curé doyen de Saint-Hubert)

objets apportés à Andage, dit une ancienne tradition, avec le corps de saint Hubert. A côté du peigne liturgique, on voit représenté un petit pixyde en cuivre avec émaux, qui a servi à renfermer des reliques, et que l'on a retrouvé en démolissant un des vieux autels de l'église abbatiale, il y a quelques années. (1)

Au sujet de l'origine de ces trompes en ivoire, l'auteur du *Manuel du Pélerin* donne des explications qui pourraient faire supposer que celle conservée à Tervueren et celle faisant partie du trésor de l'église abbatiale, pourraient bien avoir la même provenance.

Il se pourrait que ces deux trompes aient fait parlie d'un lot de trois de ces instruments donnés à l'abbaye par Godefroid-le-Barbu.

(1) *Manuel du Pélerin*, p.p. 70 et 75, ouv. cité.

Quoi, qu'il en soit, la trompe de chasse est inséparable de la légende de la conversion de saint Hubert, et c'est vraisemblablement son caractère symbolique et mystique qui a décidé l'autorité civile à placer les tribunaux spéciaux, ayant à connaître des délits de chasse, sous l'égide du cor, ou plus exactement, de la trompe, ou corne de chssse, (en flamand *hoorn*).

Pour le Brabant, ce tribunal était établi à Bruxelles, s'appelait le «Consistoire de la Trompe» et siégeait à la maison du Roi, à la Grand' place. Son chef était le Grand Veneur de Brabant, qui avait sous lui le »*Gruyer*», sept juges, ou hommes de fief, un greffier, un avocat et un procureur d'office, avec huissier. Ce tribunal connaissait de toutes les contraventions aux ordonnances et règlements relatifs à la chasse et à la pêche de quelques qualités et condition que fussent les contrevenants; mais on appelait de ses sentences devant le Conseil du Brabant.

La place de «*Gruyer*» était aussi très importante, cet officier devait veiller à la conservation des droits de pêche et de chasse de tous les ecclésiastiques, et même à celle des privilèges de quelques monastères. Il pouvait, s'il n'était pas prévenu par le Procureur Général du Conseil de Brabant, poursuivre devant le Tribunal de la Trompe, tous ceux qui commettaient des crimes contre les ecclésiastiques. (1)

Dans les «*Placcaerte van Brabant*» Charles-Quint, ce grand chasseur, qui affectionnait tant poursuivre le cerf dans la forêt de Soigne, décrète que le sceau (*zeghele*) du Consistoire de la Trompe comprendra :

«Dans le milieu une trompe (*horen*) munie (*gheaccoutreert*) de courroies, comme il convient, et au dessus de la trompe, les armes du Brabant. Dans la circonférence on inscrira en latin : *Sigillum hominum fendalium de Corum Ducatus Brabantiæ.*

Pour ce qui concerne les contestations s'élevant entre les fauconniers de tout le pays, il avait été établi à Turnhout (Campine) un *Valkenhof*, composé d'un lieutenant, chef-fauconnier (*oppervalkenier*) de trois juges (*vrygesellen*) du village d'Arendonck et de quatre hommes de fief (*leenmannen*) de Turnhout.

Auprès de ce «*Valkenhof*», Antoine de Bourgogne institua, en 1410, un «*Consistorie van den Hoorn*» ou Consistoire de la Trompe, qui a fonctionné jusqu'à la Révolution Française. Il siégeait dans le bâtiment servant actuellement d'Hôtel de Ville. La porte, très décorative, donnant accès à ce tribunal, existe encore. Dans le panneau supérieur est représenté un fauconnier en costume de l'époque, le faucon sur le poing, et dans le panneau du milieu se remarque le cerf détaché des armes de la ville de Turnhout et un Veneur sonnant du cor, ou *horen.*

Cet emblême est encore cité dans de nombreux textes de loi que le «*Consistorie van den Horen*» était appelé à appliquer.

(1) Histoire de la Forêt de Soignes. p. 301 ouv. cité.

Nous ne nous arrêterons qu'à l'édit de 1613. Quelques-unes de ses dispositions montreront, à la fois, l'importance donnée à la trompe comme «emblême» et les procédés employés par les seigneurs pour arriver, par une voie détournée, à réduire, autant que possible, l'exercice du droit de chasse par les hommes des métiers, ou corporations.

Une première disposition (art. 29) décrète que la chasse doit seulement servir de «*passetemps, sans en abruser, et qn'elle ne peut s'exercer. qu'avec lévriers, chiens courants et à la grande trompe.*»

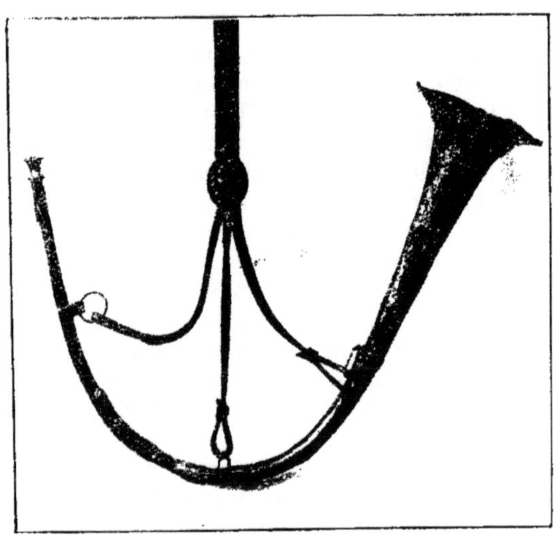

Trompe de chasse (*Jachthoorn*) de la corporation des Bouchers de Gand XVIe siècle.
(*Musée de la Biloque*).

Comme il est stipulé plus loin (art. 3) qu'il n'y aura qu'une seule trompe dans chaque village; qu'elle sera gardée par les commis du grand veneur, et que quiconque vaudra chasser devra, sous peine de 60 royaux d'amende, le faire sous la conduite de cette unique trompe (1) on oblige, en fait, les gens des métiers à chasser sous la surveillance des délégués du seigneur,

Pour éluder ces décrets, les chasseurs avaient fait confectionner des petites trompes, qu'on pouvait mettre en poche, mais ici aussi, l'édit de 1613 intervient en prescrivant «*que l'on n'entend pas tolérer ceux qui chassent avec quelques laisses* (couples de lévriers) *et une petite trompe en leurs poches, comme depuis naguères noz officiers et ont trouvé aulcuns...*»

(1) L'article fait toutefois exception en faveur des «gentils hommes et autres privilégiés entretenant une meute». Ceux-ci peuvent tenir une trompe spéciale.

Il était donc fait usage de deux espèces de trompes : une grande, que le chasseur portait au moyen d'une courroie ou baudrier, passé au-dessus de l'épaule, et une petite, qu'on pouvait au besoin mettre en poche.

Un spécimen de ces grandes trompes se trouve représenté en-dessous du reliquaire (également en forme de trompe) faisant partie du Trésor de l'église St. Charles, à Anvers. On aura vu par les renseignements que nous avons donnés au sujet de la *St. Huybrechtsgilde*, d'Anvers, que le grand cor était un accessoire de chasse. (1) Il en était de même du petit cor, dont l'inventaire de cette association fait mention et dont on peut deviner l'usage, à la lumière des indications puisées dans les textes des ordonnances citées ci-dessus.

La grande trompe, ayant appartenu à la corporation des bouchers de Gand, était également utilisée à la chasse. Cela ne fait aucune doute quand on examine son degré d'usure. La courroie dont elle est encore munie, est bien conforme, par sa disposition caractéristique, aux trompes de chasse figurant sur les nombreux tableaux et gravures du XVIe siècle, représentant la conversion de saint Hubert.

Il est encore un autre article de l'édit de 1613, qui mérite d'être cité ici, c'est celui relatant que «*celui qui a lancé quelque bête fauve dans un lieu permis et la poursuit à chaude chasse, peut, si elle gagne nne foret, bois ou garenne, où il n'a pas droit de chasse, librement y continuer la poursuite, pourvu qu'il attache sa trompe au premier arbre qu'il rencontrera en ces lieux, faute de quoi il payera 60 royaux d'amende.*»

Voilà donc la trompe transformée en garant muet de la sincérité des chasseurs forçant, en dehors de leurs propres terrains de chasse, un cerf ou un sanglier, jusque dans les forêts seigneuriales ! Ce caractère, spécialement symbolique de la trompe de chasse, est fort artistiquement rendu par l'auteur des cartons d'un admirable gobelin, dont on trouve la reproduction dans l'ouvrage classique de Guiffroy, sur les tapisseries. Le sujet représenté est intitulé «L'Automne» ou le château de St. Germain (vers 1670). Dans un médaillon encadré dans la bordure, on voit, un arbre touffu portant à une de ses branches inférieures, un cor de chasse dont la présence, en cet endroit, n'a de signification que si l'on met le dessin en rapport avec les décrets et les usages, règlant la chasse à courre.

La forme et l'usage du cor de chasse, rappelons le brièvement, a nécessairement suivi l'évolution de la chasse elle-même.

Le chasseur primitif se servait, non pas d'un cor, mais d'une corne provenant de la dépouille d'une bête sauvage.

L'une des images de chasse les plus anciennes, (2) (un dessin qui

(1) On constate dans les comptes que, en 1585, la trompe a dû être réparée, preuve évidente qu'elle servait à la chasse.

(2) cette image est reproduite dans «*Les animaux dans les légendes*» ouvr. cité.

se trouve dans un manuscrit du IXe siècle), montre un chef anglo-saxon chassant le sanglier en forêt, accompagné d'un chasseur et d'une couple de chiens. Le chef porte l'épieu et l'épée, le chasseur l'épieu et la «*corne*» de chasse.

Comme la voix humaine était trop faible pour que les chasseurs puissent se faire entendre dans les vastes forêts, on utilisa de bonne heure ces cornes pour lancer des signaux, et dans les cas les plus fâcheux, pour appeler au secours.

Les cornes de chasse les plus anciennes n'étaient que peu courbées; elles avaient une longueur, soit de 20 centimètres environ, soit de 40 à 50.

Philippe-le-Bon à la chasse
Miniature du manuscrit «Le Roy Modus et la Reine Ratio»
Bibliothèque Royale. Bruxelles.

Elles étaient en corne, mais il y en avait aussi en ivoire, avec des ciselures aux extrémités. Ces dernières trompes, s'appelaient «olifants» à cause de leur ressemblance avec une défense d'éléphant.

Au commencement du XVe siècle, on adopta un cor de chasse plus long, en forme de croissant, le plus souvent en cuivre, et qui donnait un son mélancolique et étouffé. Le cor de chasse de la *Sint-Huybrechts-gilde* d'Anvers est de ce dernier type. Celui de la corporation des bonchers de Gand, avec son pavillon plus développé, parait moins ancien.

Au commencement du XVIIe siècle, on vit apparaître dans les Pays-Bas des petits cors de chasse qui se distinguaient des trompes ou *hoorens*, par le fait que le tube de l'instrument formait un tour complet.

C'est ce cor réduit qu'on voit actuellement sur les collets des postiers (*Posthoorn*). Du temps des dilligences les «postillons» se servaient de cet instrument pour annoncer le départ et l'arrivée aux relais postaux.

Dans une des chasses de P. P. Rubens «*Chasse Calydonienne*» (musée de Vienne) on voit, à l'avant plan, un des valets de limiers exciter les chiens de la meute en sonnant, à pleins poumons, de ce petit cor à un tour. Plus tard, on mit en usage, pour la chasse à courre, un cor plus compliqué comprenant deux tours, et assez grand pour être porté sur l'épaule, sans baudrier ni attache. C'est en France, que ces instruments se perfectionnèrent le plus tôt, grâce au développement pris, dans ce pays, par la chasse à courre; celle-ci exigeant d'une façon plus particulière, qu'on pût, à une grande distance, diriger les chiens, et informer les participants de la marche de la chasse.

En ouvrant le traité de «*Vénerie*» de Jacques du Fouilloux on voit «*comme il faut sonner de la trompe, et houpper quand on est a la chasse: comme il faut sonner de la trompe pour chiens :*

Quant on voit le cerf a veuë aux deffaux, et pour relever le deffaut quand le cerf sera aux abbois; comment il faut sonner de la trompe, à la mort de l'animal, et, finalement annoncer la curée.

Depuis la Révolution française, la chasse à courre a perdu beaucoup de son importance, mais si le gros gibier a dispuru de beaucoup de nos bois, et si les méthodes de chasse ont évolué avec le temps, le goût de sonner du cor, à la mode française s'est conservé un peu partout. A Bruxelles, notamment, existe toujours le «*Cercle Hallali*» qui, depuis 1882, grâce à une initiative de M. de Villers Grandchamps, a repris la tridition de participer, avec accompagnement de sonneries de trompe, à la messe de St Hubert, que l'ancienne confrérie de ce nom célèbre le 3 novembre, en l'église de Notre-Dame-des-Victoires du Sablon.

A Anvers, il existe même deux sociétés de sonneurs de cors : Les «*Les Veneurs de St Hubert*» et le «*Rally Léopold*». On en cite également une à Namur (*Les disciples de St Hubert*), une autre à Gand et de nombreux «Rally» dans les principaux centres de chasse à courre. Le Rally fondé à Belœil (Ath) par le prince de Ligne, réunit annuellement tous les sonneurs de cor, en un congrès confraternel.

Ces sonneurs forment de véritables fanfares,depuis que le marquis de Dampierre a composé plusieurs sonneries, dont une porte son nom. Parmi les sonneries le plus connues on cite : L'*Adieu des Piqueurs*, le *Réveil Ardennais*, le *Roi Dagobert*, le *Robin des Bois* etc. On les trouve réunies dans un recueil, devenu rare, publié, vers 1860, par le compositeur-sonneur, A. Lagard, à Paris, chez Désiré Kelner.

On pourrait encore ajouter à cette liste de sonneries connues, la *Messe de St Hubert* par Obry, l'*Aurore de la Chasse* par Nourry, l'*Aubade d'Aerschot-Schonhoven*, la *Chasse* de Jacquemaire etc. etc.

L'avocat Thomas Braun a composé dernièrement une *Légende de St-Hubert*, qui mériterait d'être plus connue.

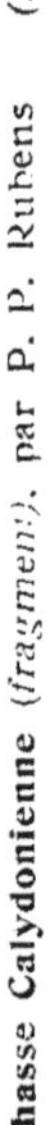

Chasse Calydonienne (*fragment*), par P. P. Rubens (*Musée de Vienne*)

L'archéologue anversois, Frans Claes, le conservateur du «Steen» et du «Vleeschhuis» a réuni dans ses collections particulières, la collection la plus complète de cors de toutes formes, provenance et âge, qu'il soit possible d'immaginer. La pièce la plus curieuse de cette collection est certes un cor en terre cuite, mis à jour à l'occasion des dragages faits dans l'Escaut devant Anvers. A voir sa forme recourbée, ce cor parait dater du XVIe siècle. Les conducteurs de bestiaux se servaient beaucoup de ces instruments assez grossiers, de même que les passeurs d'eau et les bateliers.

Trompe en terre cuite. (XVIe siècle)
Collection Frans Claes, Anvers.

Au début du XVIe siècle, la trompe de chasse servait parfois à un autre usage, moins poétique celui-là, mais dont il faut bien parler aussi pour être complet.

C'est le poète-veneur du Fouilloux qui nous édifie sur cet usage, en parlant du «Rapport» que les veneurs devaient faire au souverain, avant le départ pour la chasse :

Le salüant vn chacun se doit taire :
Lors de ma trompe ie tire mes fumees
Sur vertes feuilles les luy a présentees :
SIre, voilà d'un beau Cerf de dix cors,
que ie mescroy destourné en tels forts :
Quand les aurez partout bien regardees
Les trouuerez longues, oinctes, formees,
Grosses, nouees, n'ayans aucun piquon,
Mais bien moluës, montrant sa venaison...

On aura compris qu'il s'agit ici des traces solides, que le cerf a laissées, et d'après lesquelles un veneur expérimenté juge de l'âge de la bête.

C'est après que le Roi ou le seigneur dirigeant la chasse, comme l'explique plus loin du Fouilloux, « *aura ouy tous les rapports, et que les relays seront bien assis, les veneurs et chiens ayans repeu, celuy qui aura destourné le plus vieux Cerf, et en la plus belle meute, soubs le rapport duquel le Roy ou Seigneur voudra aller courir, doit prendre son Limier et s'en aller devant à sa brisée avec des compagnons et tous piqueurs de la meute...*»

Le limier dont il est parlé ici, c'est le fameux chien de Saint Hubert. Il tient une telle place dans la légende du grand Patron de la chasse — et dans l'histoire de l'abbaye — que nous nous y arrêterons quelque peu.

Mais avant d'aller plus loin nous voulons encore faire connaître l'usage assez original que fit du cor de chasse l'abbé Jacques-Joseph Argenton, mort curé de Sainte-Saline (France) en 1876, et qui fut un grand éleveur de chiens, doublé d'un célèbre chasseur :

N'ayant pas de cloche dans son clocher, il convoquait les fidèles à ses offices en sonnant de la trompe de chasse, du haut de son beffroy; c'est ainsi qu'il accueillait son évêque en tournée pastorale.

Une des grandes joies de cet original abbé, était d'offrir à ses confrères des déjeuners cynégétiques de sa façon. Le sel le plus gaulois y abondait. Il fit un jour manger à Monseigneur Pie, du renard pour du lièvre, et des pies pour des bécasses. L'original chasseur avait pris soin, il est vrai, de décorer d'une superbe queue de lièvre, le rable du renard, et d'ajuster à ses pies de beaux becs de bécasses. Mis plus tard au courant de sa mésavantures, l'évêque, en homme d'esprit, rit de bon cœur du tour assez libre de ce singulier traiteur, dont la réputation d'originalité est demeurée proverbiale. (1)

Ce joyeux abbé, n'eut certes pas désapprouvé l'amusant dessin que Félicien Rops a placé en tête d'une étude sur la chasse à la bécasse, due à la plume d'un austère magistrat :

Saint Hubert, armé de pied en cap, y est représenté sonnant du cor — moderne — entre un cerf monté sur... roulettes et un chien de chasse s'efforçant vainement de «hurler» en accord !

Cette inoffensive parodie de la légende hubertine, pourrait faire pendant avec les dessins enfantins, représentant saint Nicolas, et son ami, saint Martin.

Le dessin de Rops renvoie au texte que voici :

«Les vieux chasseurs indiquent trois époques principales de passages des bécasses :

A la St Michel ;

(1) Voir « *Le Clergé Poitevin et la chasse* » dans « *Saint Hubert et la chasse en Poitou.* » Ouvrage cité.

A la St André ;
A la St Thomas.

On dit aussi proverbialement : *A la St Remy bécasse en tous pays.*

Mais quelle influence peuvent-ils avoir sur le passage du gibier, tous ces saints étrangers au noble plaisir de la chasse.

Parodie de la légende de saint Hubert
d'après le dessin de F. Rops dans
«Le Chasseur à la Bécasse», par Sylvain.

Parlez-moi de notre grand saint Hubert, et si vous voulez un jour qui offre des chances heureuses, choisissez le jour de sa fête, surtout avec vent d'est, petite gelée, et brouillard. Le miracle n'aura pas lieu sans ces conditions atmosphériques.»

II. — Les Limiers de St Hubert.

Après ce que le Professeur Reul (1) a écrit à propos de ces chiens limiers, il est difficile de dire quelque chose d'inédit à leur propos.

Pour fixer les idées au sujet de leur type, très spécial, nous dirons simplement qu'ils se distinguent des autres races de chiens courants par la longueur démesurée de leurs oreilles, qui trainent littéralement par terre, quand le chien met le nez bas. Leurs yeux sont aussi fort caractéristiques : il leur manque ce regard perçant qui donne tant d'expression à d'autres types de chiens. Si vous appelez d'assez loin un de ces limiers de Saint Hubert, ils regarderont souvent dans toutes les directions, exceptée la bonne. Ils ne se servent guère de leurs yeux, et quand ils suivent une piste, ils donneront parfois en plein sur un obstacle se trouvant sur la ligne des émanations. Leur ouïe est imparfaite; car, à cause de la difficulté qu'ils éprouvent à ouvrir l'oreille, ils ont de la peine à localiser le son.

Chez ces chiens limiers, la spécialisation à outrance de l'entraînement pendant des siècles, en vue d'un seul et même travail, a fini par affaiblir progressivement les autres sens, comme la vue et l'ouïe, dont ces chiens ne faisaient guère usage (2).

C'est là un exemple à citer, en passant, des transformations profondes que peut subir un animal par la sélection et le dressage. Ce sont les Anglais, déclare le Professeur Reul, qui ont complètement transformé cet ancien chien courant belge ; mais il ajoute que ces architectes biologistes si entendus, ces grands transformateurs et créateurs de races, sont allés beaucoup trop loin en faisant du « *Bloodhound* » (nom donné par les Anglais aux chiens de St Hubert) une «monstruosité» zootechnique, qui ne trouve plus guère à se placer.

Les chiens de chasse, dont se servait le saint Hubert de la légende, était d'un tout autre modèle que le Bloodhound moderne, avec lequel on le confond trop souvent.

Ces bloodhoud (littéralement chiens de sang) doivent beaucoup de leur notoriété à la réputation de férocité — nullement justifiée du reste — qui leur a été donnée, et aussi au succès obtenu par le célèbre tableau de l'animalier anglais, Edw. Landseer (*National Gallery*. Londres).

La couleur de ces bloodhounds est noir et feu. Parmi les chiens de St Hubert proprement dits, cette nuance de robe était également représentée, mais les premiers spécimens de la race étaient noirs.

Dans les ballades anglaises du moyen-âge, il est fait allusion à la robe noir de ces chiens :

(1) Les Races de chiens. Bruxelles 1891-1894.

(2) *Le Chien. (Psychologie-Olfaction)*, par L. Huyghebaert. Bruxelles 1920.

*« Two dogs of black St Hubert's breed
Unmatched for courage, breath, and speed,
Fast on his flynig traces canne,
And all but won the disperate game :
For scarce a spear's length from his haunch
Vindictive toiled the bloodhounds slanch. »*

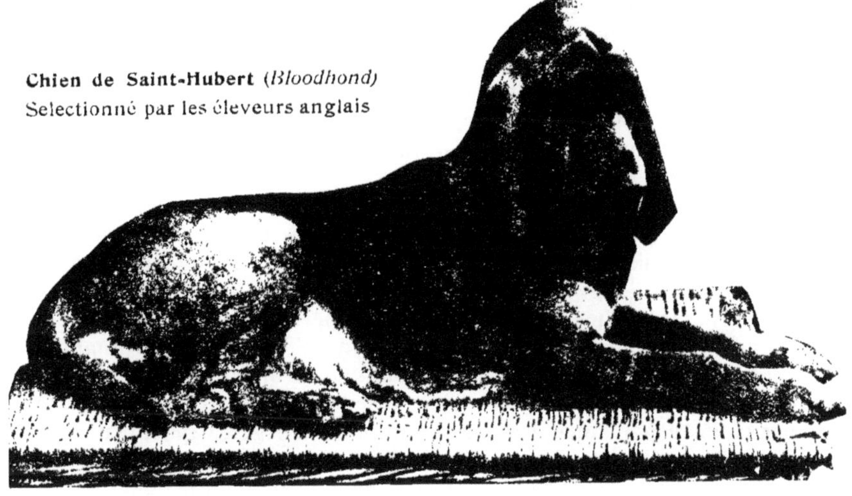

Chien de Saint-Hubert (*Bloodhond*)
Selectionné par les éleveurs anglais

Ces fameux Bloodhounds noirs, appelés chiens de St Hubert, continue l'auteur Anglais du *New Book of the Dog*, ont probablement été importés de la Terre-Sainte. Une autre espèce, portant le même nom, était entièrement blanche et d'autres étaient gris-rouge.

Dans son ouvrage sur la Vénerie, paru en 1561, du Fouilloux consacre tout un chapitre aux

**« Chiens noirs Anciens
de l'abbé Saint Hubert, en Ardenne. »**

«Les chiens que nous appelons de sainct Hubert, doivent estre communement tous noirs : toutefois on a tant meslé leur race, qu'il en vient aujourd'huy de tous poils. Ce sont les chiens dont les Abbey de sainct Hubert ont toujours gardé de la race, en l'honneur et mémoire du sainct qui estoit veneur avec sainct Eustache, dont est a conecturer que les bons Veneurs les ensuyeront en Paradis avec la grace de Dieu....»

Un autre célèbre veneur, Gaston Phœbus, prédécesseur de du Fouilloux, avait déjà prétendu, soit dit en passant, qu'il n'y a point de moyen de sanctification plus sur que l'exercice de la chasse : «La chasse sert à faire fuyr tous les pechez mortels. Or qui fuyt les sept péchez mortels, selon nostre foy, il doibt estre saulvé. Doncques bon veneur aura en ce monde joye, léesse et déduit, et après il aura paradis encore.» Gaston Phœbus veut bien convenir néanmoins que les chasseurs pourraient bien n'être pas placés pour ce mérite «au milieu du Paradis», mais il prétend qu'au moins ils seront *logiez aux faux-bourgs et basse-cours» parce qu'ils ont évité l'oisiveté qui est le fondement de tout mal.* (1)

Quand Martin de Vos a représenté les sept «*péchez capitaux*» sur sa *Tentation de St Antoine* dont nous avons parlé au chapitre I de la 3e partie, il a certainement voulu rappeler aux membres de la *Confrérie de St Hubert* d'Anvers la tranquilisante prophétie de Gaston Phœbus !

Mais pourquoi, demandera-t-on, les abbés de St Hubert élevaient-ils ces chiens limiers ?

Tous les auteurs ont répété l'un après l'autre que «les religieux, eux mêmes grands chasseurs, élevaient une espèce particulière de chiens, dont ils étaient tenus d'offrir annuellement six couples au roi de France.»

Que les moines et les abbés de St Hubert étaient grands chasseurs est prouvé, et il est non moins certain qu'ils élevaient de nombreux chiens de chasse, mais quant à *l'obligation* d'offrir annuellement des chiens à la Cour de France — et six couples encore — elle est infirmée par la correspondance échangée, entre M. Forget, capitaine de vol à Versailles, et le dernier des abbés de St Hubert, Dom Nicolas Spirlet, qui a dirigé la célèbre abbaye de 1760 à 1794, soit pendant plus de trente ans. C'est grâce à la grande et aimable serviabilité de M. Michaëlis, conservateur des archives de l'Etat à Arlon, que nous sommes à même de résumer ici les points les plus saillants de cette correspondance, encore inédite.

En suivant l'ordre chronologique, nous trouvons une lettre, du 8 mars 1760, par laquelle l'abbé Spirlet écrit au Roi de France, Louis XV :

« Le Tout puissant aiant appelé a soi, le 24 février dernier notre abbé Dom Celestin de Jong et le chapitre m'aiant fait l'honneur de me choisir le 7 de ce mois pour lui succéder, le devoir et la reconnaissance pour la protection et munificence royale dont votre majesté daigne honorer notre abbaye m'oblige de me jetter à ses pieds pour implorer la continuation de ses grâces, surtout dans l'état de détresse et de dérangement, qui est tel que je n'y trouve pas seulement cent pistoles qui me sont nécessaires pour l'obtention d'une simple confirmation provisionelle de la part de la nonciature de Cologne et de l'évêché de Liège, de sorte que je me vois dans la nécessité de devoir invoquer la protection Royale de votre majesté pour diminution d'annate (2) en cour de Rome. Il serait inutile d'assurer à Votre Majesté que je ne cesserai jamais d'offrir avec toute la communauté des vœux, des sacrifices pour la conservation de Sa Sacré personne et de toute la famille Royale. Ce devoir de religion a toujours été et sera constamment essentiel et naturel à l'abbaye de St Hubert et je suis en très profond respect Sire

de votre majesté etc...
Dom Nicolas Spirlet
abbé élu de St Hubert.

(1) *Saint-Hubert et la Chasse en Poitou,* ouv. cité.

(2) *Annate* : Redevance équivalente à une année de revenu que payent au St Siège ceux qui étaient pourvus d'un bénéfice.

Cette lettre ne dit pas un mot des chiens, mais elle prouve que c'est à la Cour de France que les abbés cherchent aide et protection quand ils sont en difficulté avec la Cour de Rome ou avec l'évêché de Liége. On verra, par une lettre suivante, qu'ils étaient souvent en conflit avec la Cour de Vienne.

C'est pour conserver ce précieux appui de Louis XV, grand amateur de chasses à courre, et parfait connaisseur de chiens de chasse, que l'abbé Spirlet va faire l'impossible pour lui envoyer, non seulement des chiens, mais aussi des faucons, capturés la plupart dans les forêts ardennaises, du côté d'Houffalize.

Malheureusement pour l'abbé Spirlet, les évènements les plus imprévus et les plus étranges, semblent se liguer pour l'empêcher d'offrir au roi de France, autant de limiers et autant de faucons qu'il voudrait rassembler annuellement.

Il ne s'agit donc nullement ici de l'accomplissement d'une obligation annuelle, mais bien d'un « présent » que les abbés sont très heureux de pouvoir offrir périodiquement au puissant voisin.

Quand on lit le livre de Galesloot, sur l'organisation des chasses seigneuriales (1), on constate du reste que, d'après un usage aussi ancien que constant, les souverains — tous grands chasseurs à cette époque — échangeaient couramment des meutes de chiens de chasse (lévriers et autres races). Entre amis et voisins, ces cadeaux « diplomatiques » entretenaient non seulement l'amitié, mais favorisaient aussi la formation de races nouvelles de chiens. C'est ce qui arriva avec les limiers de St. Hubert.

Ceux provenant de la race de l'abbaye même étaient petits et rablés, comme le montrent les miniatures, les tableaux et les gravures du XVIe siècle, représentant d'une manière si variée la légende de saint Hubert.

Les limiers ayant la préférence de Louis XV étaient beaucoup plus grands. On peut s'en convaincre par l'examen des magnifiques cartons que J. B. Oudry, le peintre attitré du fastueux roi de France, a composés pour servir à la confection de la série des tapisseries de la manufacture des Gobelins.

Une de ces tapisseries, intitulée *Le Limier* représente, à l'avant-plan, des veneurs en costume de grand apparat (habit galonné, perruque et tricorne) conduisant, en laisse, deux limiers, hauts sur pattes, qui nous éloignent singulièrement du type, près de terre, qu'est le St.Huberrt.

Or, les abbés de St. Hubert, quand ils conduisaient en France des chiens de leur élevage, c. à. d. de la « petite » race ardennaise, ramenaient souvent quelques reproducteurs du grand type. Cela ressort clairement du texte de certaines lettres dont la copie suit. Elles éclairciront plus d'un détail concernant l'origine, encore discutée, de quelques races françaises de chiens courants.

(1) Ouvrage cité.

Dom Etienne, auquel la première de ces lettres est adressée par le chef de la communauté, l'abbé Nicolas Spirlet, est le moine chargé, comme le dit du reste la lettre, de conduire les chiens à Versailles et de les présenter au roi. Cette lettre fait suite à une autre, antérieure de deux ans, relative à l'envoi, à M. de Forget, capitaine de Vol (1) à Versailles, de deux ducs et de deux faucons, mais pas de chiens.

A Dom Etienne, le 4 juillet 1763.

Vous vous rendrez, mon cher confrère, à Compiègne, à l'effet d'aller faire au Roy le présent ordinaire de notre abbaye. Vous scavez asse : ce qui est d'usage en cette occurence, sans qu'il soit besoin que je vous prescrive rien à cet égard, sachant d'ailleurs que je peux me reposer à cet égard sur votre prudence. J'écris par la poste à Mr de Forget et je vous joins icy la lettre au Roy, une pour le duc de Proslin, dans laquelle il y a une copie de celle du roy, et une autre pour l'abbé de la Ville.

Vous exposerez néanmoins dans votre compliment au Roy, que la mortalité effective qui a régné dans mes chiens, a été la cause que je n'ai pu faire, l'année dernière, le présent accoutumé et vous en ferez mes excuses, cette mortalité est même la cause que je n'en envoye pas davantage et pour vous dire entre nous le vrai, nous avons depuis une douzaine d'années dans notre abbaye une espèce de rats d'eau qui font du dégat et sont si voraces qu'ils ont mangé les pattes à six jeunes chiens, en outre les chiennes que j'ai amenées de Versailles sont de si mauvaise qualité qu'elles détruisent elles-mêmes leurs jeunes chiens, de sorte que si l'on ne m'en donne pas d'autres, la belle et grande espèce, telle que le Roy la désire, sera finie. (2)

Mais ce ne sont pas seulement les «rats d'eau» et les chiennes dévorant leur progéniture, qui empèchent l'abbé Spirlet, d'offrir au Roi des limiers de «la belle et grande espèce» tant désirée par Louis XV, il y a le gibier lui-même, le noble cerf, en personne, qui se permet de tuer un chien màle dans le parc même de l'abbaye.

C'est ce qui résulte de la finale de la lettre envoyée, le 16 juillet 1764, au correspondant habituel à Versailles, le capitaine de Forget.

...Faites moi je vous prie Moutieur le plaisir de seconder Dom Etienne, pour que je puisse obtenir au moins un chien mâle de la meute du Roi, celui que j'avais a été tué par le cerf qui était dans mon parc.»

A cette lettre était annexce une requête adressée au Roi directement : nous en donnons le texe intégral :

De St Hubert, le 15 Juillet 1764.

Sire,

Daignez recevoir favorablement mon religieux qui aura le précieux avantage de présenter à votre Magesté les chiens et les oiseaux que l'abbaie de St Hubert lui envoie annuellement en reconnaissance de la protection Roiale dont elle veut bien l'honorer. Qu'il me soit permis d'en invoquer quelque effet singulier pour prévenir les suites funestes de la persécusion inouïe que je souffre de la part du Prince Evêque de Liége, uniquement en haine de l'attachement que j'ai eu aux intérêts du Prince Clément de Saxe.

Je suis avec profond respect etc. (3)

(1) Le capitaine de Vol à Versailles avait la direction du chenil et de la fauconnerie royale.

(2) (Extrait) T. 3, p. 88.

(3) T. VI. p. p. 86-87.

L'abbé Spirlet ayant imploré la protection de Louis XV contre «la persécution inouië du Prince Evèque de Liége», il se comprend que le présent habituel en chiens et en faucons, aura été, cette année là, aussi soigné que les circonstances le permettaient. Mais la chienne accoutumée à manger ses jeunes, a récidivé. L'abbé Spirlet a essayé de remédier à ce contre temps en écrivant en Angleterre, pour s'y procurer des limiers «d'une belle race» ajoute-il.

Il finit sa lettre au capitaine Forget en donnant au sujet des persécutions du Prince Evèque de Liège, des détails qui laissent déjà deviner, quels sont, dans entourage immédiat de l'abbé, les auteurs ou les inspirateurs des manœuvres destinées à empècher la réussite de son élevage de limiers.

S. M. de Forget.

De St Hubert, le 9 Juillet 1764.

Monsieur. Mon chasseur Gregoire part aujourd'hui pour Compiègne avec quatre chiens et deux ducs, il n'a pas été possible d'avoir plus de ducs parce qu'ils ont manqués cette année à Houffalize, d'ou j'en recevais ordinairement deux et quant aux chiens Mr Lansmette est la cause que je n'en envoie pas davantage, pourquoi m'a t-il fait délivrer une chienne accoutamée à manger ses petits, cause que j'ai écrit en Angleterre pour en avoir d'une belle race, mais malheureusement ils ne sont pas encore arrivés, en tous cas, j'ai dès à présent dix beaux jeunes chiens que je nourris pour l'année prochaine.

Je compte d'être le 20 à Compiègne pour faire moi-même le présent et implorer la protection du Roi contre les vexations inouies que me fait le nouveau Prince de Liége en haine de l'attachement et du zèle que j'ai eu pour le prince Clément de Sace, vous ne sauriez croire Mr les désordres affreux qui se sont glissés dans mon abbaië depuis le mois de sep[t] dernier à l'occasion du vol que ce misérable D. Pierre qui vous a acompagné jusqu'à Château-Porcien a commi dans mon église... (1)

Ici nous devons ouvrir une parenthèce pour dire que, de par la suzeraineté féodale que les abbés de Saint-Hubert exercaient sur un très vaste domaine, ils étaient souvent en conflit avec de puissants voisins qui tâchaient — cela ne se comprend que trop — de semer la discorde parmi les moines de l'abbaye.

Voici les prieurés dont l'abbaye avait la possession depuis le XIe siècle :

Saint Sulpice-de-Prix, près de Mézières, dans les Ardennes Françaises ; Saint-Pierre, à Bouillon ; Thibaut à chateau-Porcien (Ardennes Françaises) ; Saint-Michel de Cons-la-Grandville ; Saint-Brice, à Sancy ; d'Evergnicourt ; Prix ; Moulins et enfin Mirwart, le plus rapproché de tous, mais dont la situation comme forteresse fut dans les premiers temps une menace pour l'abbaye-mère : il devint, en effet, un repaire de brigands qui exercèrent au plus haut point la patience des moines.

En dehors de ces prieurés, l'abbaye possédait encore des fermes à Terwagne, Anseremme et à Marloie.

Comme il est souvent question de l'une ou l'autre de ses propriétés dans la correspondance relative à l'envoi des chiens en France, il est a supposer que le convoi s'y arrêtait ou s'y reposait pendant le voyage.

(1) T. VI p. p. 72-73.

C'est probablement à ces domaines que le vicomte du Passage fait allusion dans un de ces écrits en disant que, à un certain point des Ardennes cinq seigneureries — dont celle des moines de St. Hubert — se touchaient de si près que, suivant un curieux usage, les cinq seigneurs s'y réunissaient, le 3 novembre, chacun restant sur ses terres et prenant une collation avant de se mettre en chasse.

Ce qui est encore prouvé par des relations puisées dans ses documents dignes de foi, c'est que les abbés de St. Hubert s'entendaient parfaitement avec les notables et les bourgeois de leur fief pour organiser des réceptions dignes du cadre fastueux dans lesquelles elles se déroulaient.

Voici, à titre d'exemple, la description de la réception faite à l'abbé Spirlet, nouvellement élu.

Après qu'il eut été béni par l'Evêque de Liége, qui avait juridiction sur le monastère de St. Hubert, il reprit, le 19 mars 1760, le chemin du retour. Il reçut d'abord, à Terwagne, l'hommage de ses sujets, puis il s'arrêta quatre jours au château de Bure. Le 24, départ pour St. Hubert, en passant par Nassogne où il fut reçu « tambour battant et drapeaux déployés. »

Les notables, les bourgeois en armes, et le clergé le conduisirent en la collégiale de Saint-Monon où un Te Deum fut chanté. A la sortie de l'église, les habitants s'empressèrent de lui rendre leurs devoirs, le reconnurent pour leur seigneur et lui prêtèrent le serment de fidélité.

Après Nassogne, à partir de la Croix Jamar jusqu'à Saint-Hubert, de nombreux bourgeois de cette localité formaient la haie le long du chemin, tandis qu' un cortège avec tambours, basses, fifres et violons attendait l'abbé. Quant aux magistrats justiciers, et francs fiefs, ils se portèrent à cheval et proprement équipés, au devant de leur nouveau seigneur.

Aux confins de Nassogne, l'abbé Spirlet monta dans son carosse et c'est au milieu d'une foule imposante de piétons et de cavaliers en armes qu'il fit son entrée à St. Hubert, par la porte Saint-Gilles, pendant que les cloches sonnaient et qu'on faisait sauter des boites sur le mur dit des maréchaux.

Il était onze heures environ, lorsque le prélat descendit d'équipage en face de l'église. Le prieur le reçut en chape, sous le portail, où un prie-Dieu avait été dressé.

Après la présentation de l'eau bénite, on remit le rocher, la mitre et la croix au nouvel abbé qui gagna alors le chœur où un dais magnifique l'attendait. Le Te Deum terminé, il fut revêtu des ornements pontificaux, puis il donna la bénédiction.

Les bourgeois en armes encadrèrent bientôt la cour d'honneur, tandis qu'au centre et dans l'avant-cour se rangeaient les nombreux cavaliers.

Dès que Nicolas Spirlet, qui était rentré au couvent, apparut, les tambours et les instruments de joie cessèrent de jouer, puis le Sr Dandoy, faisant pour lors les fonctions de bailly et de chef de la justice, mit pied à terre et vint rendre hommage et prêter le serment de fidélité, au nom de tous les sujets de la terre et de la mairie de Saint-Hubert, au révérendissime abbé, leur seigneur, qui leur permit de faire quelques décharges de leurs armes à feu.

Ensuite chacun se retira, excepté les gens des justices de Saint-Hubert et de Nassogne, qui furent invités à dîner.

Les festivités durèrent plusieurs jours dans le bourg et quatre pièces de vin furent distribuées sur le marché. La bière ne fut pas épargnée. Chacun était ravi de son nouveau seigneur-abbé et formait des vœux ardents pour le succès de son administration.

Celle-ci prit fin brusquement, le 2 février 1795, lorsque les Français vinrent mettre le séquestre sur tous les biens de l'abbaye et forcer les religieux à se disperser.

Cette relation, extraite des archives de l'Etat à Arlon (voir Gazette de Liége du 24 février 1927, sous la signature de A. Delvaux de Fenffe) donne une idée de l'autorité et des prérogatives dont jouissaient les abbés de St. Hubert. Mais elle nous a éloigné de nos limiers.

Revenons-y, en disant qu'il faut croire que les reproducteurs que l'abbé Spirlet disait avoir retenus en Angleterre ne sont jamais arrivés à destination, et que les « dix beaux jeunes chiens que l'on nourrissait pour l'année prochaine » à l'intention de Louis XV, ne seront pas bien venus, car l'on ne trouve pas trace d'un envoi de chiens en 1765.

L'année suivante, le présent habituel est adressé à Monsieur le duc de Lavallière, chevalier de l'Ordre du Saint Esprit, et grand fauconnier à Compiègne, ajoute l'adresse de la lettre qui, à part ce détail, ne contient aucun fait nouveau. Par contre, les recommandations que l'abbé Spirlet fait à son émissaire, Dom Remacle, sont si originales que nous donnons copie entière de la lettre, bien qu'on y parle peu des chiens.

A Dom Remacle,

Le 21 Août 1766.

Je vous joins ici les lettres pour Compiègne où vous irez faire le présent ordinaire au Roy. Le compliment pue vous lui ferez doit être tout court. Vous lui direz donc simplement en présentant ma lettre : « Sire ! J'ai l'honneur de vous présenter les chiens et les oiseaux que l'abbaye de St. Hubert envoie annuellement à votre majesté, en reconnaissance de la protection royale dont Elle daigne l'honorer, suppliant très humblement votre Majesté de vouloir bien la lui continuer. »

Arrivé à Compiègne, votre première démarche sera d'aller remettre ma lettre à Mr l'abbé de la ville, vous lui remettrez aussi celle que j'écris au duc de Choiseul, en le priant de vous procurer chez lui une audience, que je crois cependant que vous n'aurez pas. Vous ferez du reste ce que Mr l'abbé de la ville vous dira.

J'oublie cependant de vous dire que la première chose que vous devez faire en arrivant, c'est de vous rendre chez Mr de Forget. Grégoire sait son logement et ne manquez pas de lui écrire quelques jours avant votre départ d'Evergnicourt que vous arriverez à Compiègne un tel jour, son adresse est : à Mr de Forget, capitaine du Vol à Versailles.

Je vous joins aussi une lettre pour Mr le duc de la Vallière. Mr de Forget pourra vous dire comment vous pourrez la lui remettre, si vous ne le trouvez pas à son appartement, il suffira que vous y soyiez présenté et vous y pourrez laisser cette lettre.

Vous irez en outre remettre l'incluse à Mr le marquis d'Armentière. Si vous ne le trouvez pas au logis, il suffit également d'y laisser la lettre. Je vous joins de plus une autre lettre pour Mr Picquet, tâchez de le trouver le plus tôt possible, il vous enseignera les entrées de la Cour et il vous fera connaître Mr Beceuri, auquel vous remettrez l'incluse. Vous tâcherez d'être expédié le plus tôt possible et ne faites pas trop long séjour à Compiègne. Vous en partirez aussitôt que vous aurez fait le présent. Je vous adjure bien positivement de prendre votre froc avec vous, et de vous conformer en cela à l'usage des Bénédictins de France qui ne se présentent jamais qu'en froc, soit à la Cour ou chez toute autre personne de distinction, et je ne veux absolument pas que vous paraissiez parmi Compiègne en habit court, soyez donc « in longis ».

Mr de Forget vous dira ce que vous devez faire pour toucher l'aumône que le Roy donne à notre sacristie. (1)

L'année suivante, en 1767, autres déboires !

L'abbé se trouve de nouveau dans l'impossibilité de joindre des chiens à son envoi. Celui-ci ne comporte que deux ducs et trois autours, « les plus beaux qu'il ait pu trouver, » ajoute-t-il.

« Quant aux chiens (nous copions textuellement) ceux que M. Janville a fait donner l'année dernière à Grégoire (1) n'ont

(1) Archives Arlon. T. XI, pp. 191 à 195.

(1) C'est le nom du chasseur laïc attaché à l'abbaye de St. Hubert. Une franche canaille, s'il faut en croire les lettres de l'abbé Spirlet, datées des années suivantes.

pas réussi, deux d'abord ont crevé et le troisième est aveugle. Ils étaient trop vieux. De sorte que je serai réduit aux chiens d'ardenne dont encore la plupart ont péri cet hiver. » Je suis, etc.

Décidément le matériel d'élevage, que les chenils royaux confient aux abbés de St Hubert, ne vaut pas lourd ; après des chiennes qui dévorent leurs propres jeunes, on envoie à St Hubert, trois mâles, dont deux «crèvent» à l'arrivée, et dont le troisième est aveugle.

Heureusement l'année suivante les choses se présentent mieux : le 3 juillet 1768, l'abbé écrit à M. de Forget « qu'il fait partir quatre beaux chiens, et quatre oiseaux ducs de toute beauté, avec son prieur ordinaire, afin qu'il fasse le voyage par petites journées pour faire séjour à mon Prieuré d'Evergnicourt, qui est le seul qui me reste. »

Puis cela ne va de nouveau plus du tout, car, au mois de juillet de l'année suivante (1769) l'abbé se voit obligé d'annoncer à M. de Forget (devenu Marquis entre temps) : «Je n'ai pu avoir cette année que deux ducs vous pouvez les échanger tous comme vous le trouverez bon. Si ces Messieurs de la Venerie ne me renvoient pas des chiens de cette race, je ne pourrai plus en envoier de beaux au Roy, ainsi que vous le verrez par ceux que j'envoie cette année, qui ne sont que des chiens d'ardenne. Cela me chagrinne beaucoup, car j'aimerais d'envoier des chiens qui puissent plaire au Roy.»

Pendant quatre ans il n'est plus question d'envoi de chiens, ni d'oiseaux. Mais une lettre, datée du 15 août 1773 va nous en donner les motifs : Il y a eu des désordres dans l'abbaye, et le chasseur Grégoire, sur lequel l'abbé aurait dû pouvoir compter, semble s'être laissé corrompre par des ennemis du dehors ou, du dedans, on se sait au juste :

Lettre adressée à Mr le Marquis de Forget,
capitaine du vol à Versaille.

St Hubert, ce 15 août 1773.

Monsieur,

Je suis bien sensible à la part que vous prenez au rétablissement de la tranquilité dans mon abbaye.

Je viens cependant encore d'essuier un déplaisir bien sensible. J'avais ordonné à mon chasseur Grégoire de veiller avec plus d'exactitude à l'entretien de la meute de mes ehiens afin que j'en eusse de beaux pour envoyer à Compiègne. Lorsqu'il s'est agi de les examiner à cet effet, ce coquin qui est tout dévoué à mes fugitifs, m'a présenté des chiens chargés de gale et de la plus basse espèce quoique j'eusse fait une dépense considérable pour rétablir une belle meute.

Indigné de ce procédé, j'ai engagé le chasseur qui a conduit les chiens à Compiègne et qu'il m'avait procuré en venant à mon service. Il m'avait en outre procuré trois couples de chiens de la plus belle espèce auxquels j'avais fait faire un cheni tout neuf pour les conserver précieusement pour l'année prochaine et en tirer de la race. Grégoire s'est comporte en écervelé lorsqu'il vit qu'il n'irait pas à Compiègne.

Après le retour de mon nouveau chasseur, Grégoire fut voir avec lui les nouveaux chiens qui le même jour après vêpres se sont trouvés empoisonnés sans qu'on ait pu les secourir. J'en ai fait ouvrir un, Il s'est trouvé qu'il avait avalé une figue de renard.

Je n'ai pu découvrir avec certitude l'auteur de cette infâme action, mais je le soupçonne et je le devine aisément. Vous verrez par là, Monsieur, à quoi je suis exposé. J'aurais beau vouloir nourrir ici de beaux chiens je n'y réussirai pas cette méchante cabale qui s'est soulevée contre moi mettra constamment tout en œuvre pour mes procurer tous les déplaisirs possibles en France aussi longtemps qu'elle y sera écoutée...

Malgré les déboires avec son peu intéressant Grégroire, l'abbé Spirlet a pourtant réussi à envoyer au Roi, en même temps que sa lettre remplie de plaintes si amères, un lot exceptionnel de huit chiens, dont quatre, nous explique un autre lettre, sont de la petite race ardennaise. La lettre se termine par l'annonce qu'on espère en avoir de beaux l'année suivante.

En même temps que ces huit chiens, on envoie deux ducs. Ces oiseaux, ajoute l'abbé «deviennent aussi rares que le faucon dont on ne voit plus un seul dans nos forêts sans doute parce qu'elles sont trop éclaircies et qu'on n'y laisse plus de grands arbres...»

Cette dernière phrase est évidemment une critique, à peine déguisée, à l'adresse des «officiels» du temps.

L'année suivante, qui marque la fin du règne de Louis XV, ouvre une nouvelle ère de déboirs à l'abbé Spirlet. Ce n'est plus seulement à sa meute qu'on en veut, c'est anx propriétés mêmes de l'abbaye, qui ne comprennent déjà plus qu'un seul prieuré (celui d'Avergnicourt).

Après avoir déjà envoyé son présent en chiens et oiseaux, comme d'habitude, mais cette fois-ci à Louis XVI, dont le sacre avait eu lieu en août 1774, l'abbé décide de se rendre lui-même à Versailles, en septembre. Mais il est ensuite obligé de prévenir le Marquis de Forget qu'il remet son voyage à fin d'octobre. «L'on est occupé, dit-il, à rectifier un dénombrement (du côté de Visé) et comme nous y avons beaucoup de petites parties de biens cela exige absolument ma présence.»

Entre temps, la race des chiens de St Hubert ne s'améliore évidemment pas, au contraire; quatre ans plus tard, en 1778, l'abbé Spirlet écrit au marquis de Forget : «Je vous serai de plus obligé si vous pouvez engager Mr de Janville à me faire avoir une lice et un chien pour rétablir ici une belle race, qui est entièrement dépérie ou plutôt abatardée, comme vous le verrez par les chiens que je vous envoie. Je ne peux attribner le dépérissement de ma meute qu'à ce vilain Grégoire trop dévoué à nos ennemis, quoique je continue de lui donner le pain qu'il mange et que si je le congédiais, comme il le mérite, il ne saurait ou donner tête pour vivre.»

Le dernier envoi dont il a été trouvé trace, est celui de 8 juillet 1784, consistant en trois couples de très beaux chiens, avec, comme supplément (rawette, diraient les Wallons) un autour en un duc.

«Les pluies du printemps, ajoute l'abbé, sont la cause que je n'ai pu en avoir d'avantage.»

Le cadre de notre étude sur les légendes de saint Hubert ne nous permettant pas d'entrer plus avant dans l'analyse de la correspondance si originale de l'abbé Spirlet, nous donnerons, pour finir, une dernière lettre. Elle est adressée par un des moins de l'abbaye, à M. La Forêt (un nom bien de circonstance), recruté comme chasseur, pour remplacer Grégoire, l'homme aux «figues de renard».

St Hubert ce 15 Sept. 1774.

Vous vous rendrez ici Monsieur, d'abord à la réception de cette lettre que le sieur Boulanger vous remettra, pour y demeurer au service de Mr l'abbé en qualité de chasseur moyennant le gage de vingt cinq écus. Lorsque vous conduirez les chiens en présence du Roi, il est sans doute que vous aurez la dringuelle qu'il a coutume de faire donner au chasseur. Prenez avec vous ce qui est nécessaire et ce dont vous avez besoin, et rendez vous ici le plusôt possible. — Je suis etc .. (1)

Indépendamment de l'aumône pour la sacristie de l'abbaye de St. Hubert (voir lettre du 21 août 1766, in fine) que les Rois de France avaient l'habitude d'offrir au prieur qui leur présentait les chiens et les oiseaux, ils donnaient donc aussi une dringuelle(2) aux chasseurs ayant pris soin des animaux.

L'envoi avait donc bien le caractère d'un présent, et non pas d'une espèce de dime,à servir annuellement aux rois de France, comme on l'a prétendu jusqu'ici.

S'il nous était permis de tirer une conclusion de la correspondance résumée ci-dessus, correspondance qui est évidemment incomplète, puisqu'elle ne s'étend que sur une période de vingt cinq ans (1780-1784) nous dirions que ce sont les petits limiers de race ardennaise (que l'abbé Spirlet plaçait après les grands chiens français uniquement pour plaire à Louis XV et à sa Cour) qui ont contribué pour une large part à la formation des races de chiens courants dont du Fouilloux parle en ces termes :

«Cette race de chiens (les chiens de St. Hubert) a esté semée par le pays de Haynault, Lorraine, Flandres et Bourgogne. Ils sont puissants de corsage, toutefois ils ont les jambes basses et courtes, aussi ne sont-ils pas vites combien qu'ils soient de haut nez, chassans de forlonge ne craignant les eaux ne les froidures, et désirent plus les bestes puantes, comme sangliers, renards, et leurs semblables, ou autres, parce qu'ils ne se sentent pas le cœur ne la vitesse pour courrir, et prendre les bestes légières. Les limiers en sortent bons, principalement pour le noir : mais pour en faire race pour couvrir, je n'en fais pas grand cas : toutefois j'ay trouvé un livre qu'un Veneur adressait à un Prince de Lorraine qui aimait fort la chasse où il y avait un blason qu' iceluy Veneur donnait à son Limier nommé Souillard, qui estait blanc.»

De Sainct Hubert sortit mon premier nom
Fils de Souillard, chien de très grand renom.

«Dont est à présumer qu'il en sort quelques uns blancs, mais ils ne sont de la race des Greffiers que nous avons pour le jourd'huy.»

(1) Archives Arlon. T. IX, n° 116.
(1) Dringuelle vient de deux mots flamands: drinken (boire) en geld (argent).

Gaston Phœbus, comte de Foix, le célèbre Veneur français, estimait le limier au-dessus tous les autres chiens de chasse. Ses meutes ne comprenaient pas moins de quinze cents têtes, mais c'est le limier, type chien de St. Hubert, qu'il place, bien en évidence, en tête de toute la collection.

Chien Limier, type St-Hubert
d'après une enluminure du manuscrit de Gaston Phœbus
comte de Foix (XVI° siècle)

Bibliothèque Royale de Bruxelles.

Quand, en 1678, le grand Veneur prince de Rubempré fut obligé de liquider les meutes royales détenues dans les chenils de Boitsfort, (forêt de Soignes), il essaya de sauver les chiens en faisant valoir «que les exposer en vente serait exposer la réputation de notre bon roi et maistre et donnerait subjet à nos ennemis d'en railler.» Ses objections n'ayant pas été admises, il proposa finalement de «mettre au moins quatre ou cinq limiers et deux lévriers de grande espèce dans les abbays pour en conserver la race.» Quant aux chiens d'autres races, le Grand Veneur semblait y attacher, moins de prix : «ils trouveront bien leur maistre, ajoute-il, sans qu'on soit obligé de les vendre.» (1)

(1) Galesloot, ouv. cité.

Ce sont ces limiers qu'on voit figurer, tenus en laisse, dans presque toutes les tapisseries Bruxelloises du XVIe siècle, notamment dans la série des Belles chasses de Maximilien due aux cartons du peintre Bernard van Orley. (1)

Nous préférerions ne pas devoir ajouter ici, que de cette belle et noble race de chiens de St. Hubert, il n'existe plus en Belgique — que nous sachions du moins — un seul spécimen digne de ce nom glorieux.

Chien de St-Hubert conduit en laisse

d'après une tapisserie de Bruxelles (fragment) de la série des «Belles Chasses de Maximilien» (XVIe siècle) d'après les cartons de Bernard van Orley.

Musée du Louvre, Paris.

Mais si les chiens ont disparu — comme ont disparu, hélas, tant de souvenirs d'un passé oppulent — leur image nous a été fidèlement lèguée par nos inimitables peintres animaliers du XVIe siècle; les Frans Snyders, les Jan Fyt, les Paulus Devos; par nos P. P. Rubens et

(1) Voir la description de ces tapisseries dans la brochure de Sander Pierron et A. Houtart, déja citée.

tant d'autres dans leurs chasses si vivantes; par nos graveurs, les Wierix, les Galle, les Goltzius, pour ne citer que les plus connus; par nos talentueux lissiers, dans leurs si décoratives tapisseries flamandes.

Sous une forme plus naïve, ces chiens revivent aussi sur les images et drapelets de pélerinage, ainsi que sur les «briques de foyer», sorte d'imitation populaire des taques garnissant l'âtre des aristocratiques résidences ardennaises.

Brique de Foyer avec la légende de saint Hubert.
Collection E. H. Van Heurck et Musée du Steen, Anvers.

Plusieurs des briques de foyer dont nous donnons une reproduction ici, garnissent une des cheminées du musée du *Steen*, à Anvers. On en ignore la date et la provenance exactes, Frans Caes croit qu'on en a fabriqué à Anvers, au XVe siècle. Ferd. Donnet possède une de ces briques daus ses collections et E. H. Van Heurck m'a communiqué une photo, d'origine limbourgeoise, représentant le même sujet. Pendant la guerre, on a trouvé les mêmes briques de foyer dans les ruines d'une maison détruite à Dinant. Leur fabrication et leur usage semblent donc avoir été fort répandus dans nos provinces.

L'excellente réputation de ces limiers, placés au tout premier rang de la hiérarchie canine et les légendes y attachées, ont décidé les amateurs de chiens de toutes races, à prendre le nom de «*Société Saint Hubert*» (devenue «Royale» plus tard) quand ils se sont groupés pour la première fois en Belgique, en 1882.

Sur tous les diplômes, médailles, et gravures délivrés depuis plus de 45 ans par cette puissante société, vous retrouverez toujours, sous une forme artistique, le chien et le cerf de saint Hubert. Les médailles méritent surtout une mention spéciale. Une des premières décernées aux expositions, représente une tête fort caractéristique de chien de Saint-Hubert. Une autre, un majestueux dix cors, se détachant, à l'avant plan, sur un ciel éclairé par une croix irradiée.

En France, les chasseurs et éleveurs de chiens se sont également placés sous le vocable du grand Saint. En tête de leur organe officiel : «*Le Saint Hubert Club illustré*« paraît depuis plus de vingt ans la reproduction de la magistrale *Vision de saint Hubert*, sculptée dans le linteau, surmontant la chapelle du château d'Ambroise.

Si saint Hubert est populaire en Belgique et en France, il l'est également dans la région de la Moselle et du Rhin.

C'est par les routes romaines, relations directes entre la Belgique et le centre du pays des Gaulois, que le prêtre Hubert, doit avoir gagné le pays de Trévires, écrit Auguste Jourdain, car Trèves fut longtemps considérée comme la capitale du pays des Francs, et c'est peut-être en passant par le pays de la Moselle et Trèves que le futur Evêque se rendit à Tongres.

Il affectionnait les vallons solitaires de la Légie et les coteaux de Huy couverts de vignobles, qui lui rappelaient les fastes du pays natal, les vins, ses premiers vins de messe comme dignitaire de l'Eglise, dégustés le long des routes de la Moselle et du Rhin.

Le souvenir que saint Hubert laissa dans le pays fut tellement cordial, qu'il figure encore dans les enseignes des grandes firmes vinicoles du Rhin. (1)

Que ce ne sont pas là des fantaisies d'auteur, est prouvé par une circulaire d'une de ces firmes, illustrée d'une marque de fabrique, *gesetslich geschüttet*, ayant pour sujet la légende de saint Hubert, mise au goût allemand. Au bas de l'image se trouve une bouteille fort engageante qu'on remplit, au gré du client, de :

Hubertus-Sect,
Hubertus-Cabinet, et
Hubertus-Extra-Cuvée.

(1) Dictionnaire encyclopédique de Géographie historique du Royaume de Belgique — 1874, et Nouveau dictionnaire de la Conversation par Aug. Wahlen. 1843.

CINQUIÈME PARTIE.

La Rage.

Parmi les nombreux miracles attribués à saint Hubert, il en est un qui demande à être décrit de plus près, parce qu'il fut la cause de la grande vénération des fidèles, à l'égard de Celui qui guérissait le mal, si redouté, qui s'appelle la rage.

Voici comment ce miracle est rapporté par l'auteur anonyme du *Cantatorium* (1).

«Saint Hubert, un jour, prêchait, quand un homme atteint de rage pénêtre en furieux dans l'église. Les dents grincent. Une écume sanguinolente coule de la bouche, ses yeux injectés lancent des flammes. Il pousse des rugissements effroyables. Comme une bête affolée il s'élance menaçant au milieu des fidèles. Ceux-ci, en proie à la plus violente terreur, s'enfuient éperdus. Hubert reste seul en face du forcéné, qui s'avance vers lui pour le frapper et le mordre. Cependant, le saint homme n'a manifesté aucune émotion. Il étend les mains vers le malheureux : «Que le Seigneur Jésus te guérisse», dit-il. Aussitôt le calme renaît sur le visage convulsé du malade, tous ses nerfs se détendent. Doucement, comme une mère ferait à son enfant, l'évêque lui essuie la bouche, sa pauvre bouche souillée. Va, maintenant, va, lui dit-il, et rappelle ceux qui ont fui à ton approche. A ces paroles le misérable sourit. La crise est passée. Il ramène au sanctuaire une partie des assistants qui tout à l'heure le regardaient avec effroi.»

C'est à ce miracle de saint Hubert que Jean Valdor fait allusion dans la si parlante gravure reproduite au commencement de la première partie. On y voit aussi une femme «possédée du démon» qui se débarasse miraculeusement de cet hôte, en le vomissant.

Au moyen âge, on le sait, les malheureux atteints de folie passaient couramment pour être en rapport avec le diable.

Dans un même ordre d'idées, les animaux enragés étaient réputés des bêtes folles. De là l'expression flamande « *Dulle hond* », c.-à-d. chien fou.

Une curieuse publication, datée de l'an 1134, et émanant de l'autorité écclésiastique de Malines, donne des précisions au sujet de cette croyance.

(1) Ouv. cité.

«Le 21 janvier dernier, dit le texte flamand de cette publication, un loup empoisonné et enragé (*giftige en razende wolf*), qui portait dans son corps trois serpents vivants, a quitté son repaire habituel et parcourt les champs. De nombreux porcs et chiens, beaucoup de volailles et de bétail, ont été tués par sa morsure vénimeuse (*venijnigen beet*). Dans sa fureur il s'est jeté sur les habitants et il en a mordu douze, dont quatre sont morts misérablement. Avant leur trépas, ils refusaient toute boisson et ne pouvaient même pas la voir (*noch zien of proeven*). Finalement quatre hommes courageux parvinrent à capturer ce loup. Quand on l'a ouvert il a donné, par les serpents, la preuve de sa méchanceté» (*het bewijs zijner kwaadaardigheid*). (1).

Plus tard, les loups «empoisonnés» et propagateurs de la rage, inspirèrent encore plus de frayeur, parce que leur nombre augmentait en proportion, pourrait-on dire, de l'étendue des calamités de toute nature décimant les malheureuses populations rurales.

C'est ainsi qu'on lit dans l'*Histoire de la ville de Turnhout* (2), qu'en 1605-1615-1617, et surtout en 1625, le terrible fléau de la peste exerçait de tels ravages dans toute la Campine anversoise, que ceux qui étaient encore en état de fuir avaient quitté la région. Entretemps les loups s'étaient multipliés en telle quantité, qu'une ordonnance fut rendue, en 1612, impliquant les obligations suivantes pour les habitants de tout le quartier d'Anvers.

Dans chaque village, le lieutenant de la chasse pourra désigner un louvetier (*wolfjagher*) qui pourra ordonner des chasses générales ou particulières pour détruire les loups.

Dès qu'un de ces animaux aura été signalé et sa présence reconnue dans le bois, le louvetier pourra réquisitionner, au son de la cloche (*de klocke op trecken mach*) toute la population mâle au-dessus de seize ans, pour participer à la chasse. A cet effet des brigades placées sous les ordres de caporaux (*corporaelschappen*) seront formées et opéreront sous la direction du louvetier. Les contrevenants sont punissables d'une amende de deux florins. Pour chaque loup capturé, il sera payé au louvetier quatre florins.

Celui qui, en dehors de ces chasses — à caractère officiel — tirait ou capturait un loup, recevait une prime de dix huit florins.

Avant que cette ordonnance ne fut rendue, les villageois campinois s'entendaient déjà entre eux pour organiser des battues générales aux loups. On lit à ce sujet, dans les comptes de l'Ecoutête Jean Jacques Geertsen, concernant les années 1608-1609, qu'il régala de deux tonneaux de bière (*biergelach*) ceux qui avaient chassé le loup à St.Léonard (village des environs de Turnhout) le lendemain de la Pentecôte. (3)

(1) *Geschiedenis van Mechelen*, par le chanoine Jos. Laenen, archiviste de l'Archevêché. Editions Godenne, 1926, p. 61.

(2) Ouv. cité.

(3) Extrait des archives de Brecht, par M. Ernalsteen, archiviste de l'église Notre-Dame à Anvers.

L'imagination grossissait encore ce danger très réel des attaques des loups. Il est à noter aussi, que la part que les animaux domestiques ; les chiens, et les chats notamment, prenaient dans la propagation des terribles maladies contagieuses de l'époque, comme la peste notamment, était déjà connue au XVIe siècle, ainsi que le prouve une ordonnance, en date de 1533, déclarant textuellement : que deux heures après que le mal aura été signalé dans une maison, tout le monde sera tenu de tenir enfermés, ses chiens, porcs, chèvres, boucs, pigeons, lapins et chats, sous peine d'une amende de vingt sols en faveur du «calengeur».

Baudrier et Massue des «Hondenslaegers» de la ville d'Anvers
Musée du Steen. Anvers.

Une autre ordonnance, publieé à Turnhout, en 1549, par Marie de Bourgogne est encore plus sévère. Il s'agissait d'enrayer, cette fois, là propagation d'une maladie fort contagieuse — espèce d'entérite — appelée *Melisoene*, en flamand (*rooden loop)*. A cet effet il est stipulé, que dans les maisons où la maladie était constatée, les chats et les chiens devaient être attachés ou «tués» sous peine d'une amende de vingt sols. (1)

Cette règlementation sévère concernant la divagation des chiens, avait nécessité, dans les villes et dans les agglomérations d'une certaine importance, la création d'un emploi spécial de *Hondenslager*, au abatteur de chiens, rétribué par l'autorité communale, et qui avait pour mission de tuer d'un coup de massue tous les chiens errants.

Nous donnons la photographie de la massue dont était armé le «*Hondenslager*» de la ville d'Anvers, ainsi que le baudrier décoratif constituant l'insigne de ses fonctions officielles. (2)

Le dégoût qu'inspirait ces fonctions était si vif, que la ville d'Anvers avait dû en confier l'exercice au... bourreau (*scherps-rechter)* et à deux de ses aides.

(1) *dat alle diegene daer dese siecte in huys sal wesen hunne catten en honden sullen binden uft dootslagen, op pene van 20 stuyvers. Les ordonnances sont reproduites en leur texte intégral dans* : «*Lotgevallen van een Turnhoutschen Jager in de XVIe eeuw*» par P. J. Heuvelmans. Turnhout 1843.

(2) Ces objets font partie des intéressantes collections exposées au *Musée du Steen* à Anvers. Nous devons les photographies à la grande obligeance du Conservateur, M. Fr. Claes.

Une très curieuse ordonnance de 1657 va nous donner des renseignements édifiants au sujet des motifs ayant inspiré cette mesure extraordinaire de police :

«Afin de supprimer les mauvaises odeurs et les saletés (*quaede reucken ende vuyligheit*)provenant en partie de la multitude des chiens qui ont souvent occasionné des maladies pestilentielles et contagieuses (*eenige quade pestilentiale ende coutagieuse sieckten)* l'Ecoutête-adjoint,le Bourgmestre, les Echevins, et le Conseil de la ville d'Anvers, ont désigné trois personnes qui sont autorisées à abattre les chiens rencontrés dans la rue, lesquelles personnes seront reconnaissables aux armes de la ville fixées sur le chapeau».

Cette ordonnance communale de 1657 ne paraît être que la reproduction d'instructions antérieures, puisque l'on voit par les comptes de la ville, que pour l'année 1584-1585, le bourreau toucha une indemnité spéciale de quarante livres artois, pour avoir abattu la quantité de 800 chiens, à raison de un sol par tête. (1)

Mais l'autorité communale allait s'appercevoir bientôt que le public avait trouvé un moyen aussi ingénieux que pratique pour éviter l'intervention si brutale du bourreau et de ses deux acolytes: les riches bourgeois achetèrent la... tolérance des agents communaux, et les pauvres les chassèrent des quartiers populeux par les moyens variés énumérés dans une ordonnance dont voici un extrait :

«Il est défendu strictemeut (*scherpelyk*) à quiconque, d'insulter les « *hondenslaegers* », d'exciter la population contre eux, de leur jeter de la boue, de la terre ou des pierres...

Il est interdit au bourreau de vendre ou de donner aux bourgeois des signes (*blecken of teekenen*) ou jetons qui exempteraient les chiens d'être abattus... » (2)

Faut il rappeler qu'à cette époque le fisc n'avait pas encore inventé la taxe sur les chiens et que ceux-ci ne rôdaient pas seulement librement dans les rues, mais que leur présence était aussi tolérée partout, même à l'intérieur des chapelles et des églises.

En l'an 1736, cette singulière tolérance existait encore à Louvain, comme le prouve une ordonnance du 18 mars de cette année, disant : « que quelques habitants de la capitale de Louvain ont eu l'audace d'introduire des chiens dans les églises de la ville, ce qui est en opposition avec le respect dû au temple de Dieu, la maison des prières, par tout vrai Catholique Romain, par quoi les services sont troublés (*geturbeert*)

(1) *Betaald aan Hendrik Van den Berghe, Scherprechter, de somme van viertigh ponden Artois voor dat hy geslagen heeft de quantiteyt van 800 honden tegen een stuyver voor elken hont.*

(2) « Ghebiedende wel scherpelyck dat niemandt wie hy zy hem en vervoordere de voorseyde hondt-slaegers enighen oploop of beletsel te doen, met slyck, steenen of aerde te worpen, hun te inivrieren, oft nae te roepen... En sal den scherprechter niet vermoghen aen enighe Borgheren oft inghesetenen deser stadt, wie hy zy, enighe blecken of teeckenen te vercoopen of te gheven, waer door dat alsulcke honden souden moghen vry ende exempt wesen van doodt gheslaghen te worden... »

et les fidèles dérangés dans leurs prières, au grand scandale (*schandael*) des adeptes des Religions Réformées, qui eux ne tolèrent pas les chiens dans leurs églises. »

*
* *

Par une étrange anomalie, c'est donc à l'époque où les maladies contagieuses faisaient les plus grands ravages, que le nombre de chiens tenus par la population était le plus élevé, et que les mesures prises pour empêcher leur divagation étaient le moins respectées. Et nous ne parlerons pas des porcs, des oies, et de toute la série des animaux domestiques rôdant librement dans les rues mêmes des villes. (1)

Quand dans un milieu aussi favorable à la propagation de la contagion, un cas de rage ou de maladie infectieuse éclatait, les ravages du mal étaient tels, que la population, littéralement terrorisée, croyait à une intervention diabolique et invoquait la protection divine pour écarter les mauvais esprits, par l'intercession de trois saints, qui étaient plus spécialement saint Roch, pour la peste et autres maladies contagieuses ; saint Antoine pour le *Feu de St. Antoine,* et saint Hubert pour la rage.

Mais on aura vu par la requête adressée, en 1675, par la corporation des bouchers de Gand à l'autorité ecclésiastique, que saint Hubert ne guérissait pas seulement la rage, mais qu'il était aussi le patron spécial «contre les maladies pestilentielles et les *dullígheden*, ou affections mentales ».

« Dieu l'a estabh le médecin des phrénétiques des ensorcelés, des possédés, de ceux qui tombent du mal caduc et de tous autres semblables maux tant du corps que de l'esprit », affirme un vieil auteur.

Le culte de saint Hubert était, par suite, beaucoup plus suivi que celui de saint Roch et de saint Antoine, mais la ferveur populaire les associait parfois dans une commune invocation.

Pour ce qui concerne la rage, toutefois, saint Hubert était l'unique patron invoqué par la population de nos provinces. Pour se préserver contre ce mal si redouté, nous apprend une étude très documentée, publiée il y peu de temps par Mr Tricot-Royer. (2). Les fidèles se rendaient en masse à St-Hubert-en-Ardenne, afin d'y subir l'opération de la «taille», décrite comme suite par le même auteur :

La Taille. — Après s'être agenouillé, le pénitent présente le front au prêtre, couvert d'un surplis et d'une étole pour laquelle aucune couleur spéciale n'est prescrite, quoiqu'on en ait dit.

(1) Dans une communication faite en 1922, à l'occasion du 3e Congrès de l'*Histoire de l'Art de Guérir*, tenu à Londres, le Dr Tricot-Royer a cité pas moins de 330 ordonnances, rendues de 1500 à 1680, contre les maladies dites pestilentielles, rien que par le magistrat de la ville d'Anvers.

(2) *Le Bilan du Traitement de la Rage* à l'intercession de saint Hubert, par le Dr Tricot-Royer, Président de la Société Internationale d'Histoire de la Médecine (voir Bulletin de cette société. Tome XIX, 1925.)

Avec un bistouri mince et étroit, le prêtre fait ensuite une entaille minuscule, soulevant un lambeau de l'épiderme.

Au moyen de ciseaux fins, l'opérateur sépare alors de quelques filaments de l'étole ayant appartenu au grand saint, une parcelle de moins d'un millimètre, et l'insère dans la boutonnière épidermique, qu'il tient ouverte au moyen d'un poinçon aplati en forme de tourne-vis.

Sur la plaie ainsi traitée, il applique un morceau de sparadrap, puis il ceint le front du patient d'un bandeau noir, muni de trois lacs, deux latéraux et un médian qui, se réunissant à l'occiput, serrent le crâne comme sous un casque et assurent ainsi la fixité du pansement.

Un formulaire des conditions à remplir durant les neufs jours suivant la taille, est ensuite remis à l'opéré, qui peut reprendre la route du logis.

Après avoir publié la statistique détaillée indiquant, pour les années 1806 à 1924, le nombre des personnes taillées à Saint-Hubert, le Dr Tricot-Royer conclut :

Durant les 6 fois 20 ans qui s'étagent, à un an près, de 1806 au 3 novembre 1924, date de notre dernière visite au sanctuaire des Ardennes, nous comptons 9756 personnes taillées.

Cela fait sur le total, une moyenne de 72 par année ; ce chiffre ne donne qu'un aspect erroné de la vérité, puisque pendant les quatre premiers lustres nous comptons 4054 tailles.

Les quatre lustres suivants donnent 2512 tailles.

La troisième tranche de vingt ans : 717 tailles seulement.

Nous remontons au chiffre de 1786 pour la tranche suivante.

La cinquième tranche, qui correspond avec la vogue de l'Institut Pasteur, fait baisser ce chiffre à 527 ; et de 1907 à nos jours, nous ne comptons plus que 100 tailles.

C'est l'année 1827 qui vit défiler le plus grand nombre d'incisés, il y en eut 820. Suit l'année 1811 avec 729. L'année qui tient le troisième rang est 1812, qui n'en compte que 362.

La plupart de ces pélerins sont des Allemands venus à Saint-Hubert en longues caravanes désignées sous le nom de processions de Landersdorf, de Kerpen, de la Ruhr, de la Saar, de la Moselle, etc. Ils vont à pied et se font suivre de chars destinés aux éclopés et aux invalides ; un fourgon ferme la marche, contenant des cercueils destinés aux personnes qui éventuellement trépasseraient en route. La précaution n'est pas superfétatoire. Les registres portent parfois des mentions de ce genre-ci : le 28 mai 1811, 202 personnes arrivent processionnellement de Lendersdorf et se présentent à la taille ; leur pasteur les inscrit et ajoute la note : *Henri Flier, homme enragé, décédé entre Bu... et Bourcy*, qui n'a donc pas eu le temps d'arriver à Saint-Hubert.

Quand mon ami M. François Devresse faisait ses études humanitaires à Bastogne, il a souvent vu le défilé de ces théories de pélerins venus à pied de Cologne et en route pour Saint-Hubert.

Les registres portent aussi des groupes originaires de Hollande, de l'Escaut, du Pas.de-Calais, de la Seine inférieure, etc.

Tous ces pélerins se font tailler, bien entendu, y compris parfois les curés et les vicaires, leurs guides. Mais ont-ils tous subi la morsure d'un animal suspect ? Une réflexion écrite de l'abbé Grandfils, curé en 1818, en fait douter.

Le 5 mai de cette année il incise 29 allemands faisant partie de la caravane de Lendersdorf, puis il intercale cette remarque : « *Sequuntur capitosi, qui noluerunt nostris judiciis, vel judicio annuere.* »

Il est quand même forcé d'inciser les 29 pélerins qu'il qualifie peu respectueusement de *capitosi*, et il clôt la liste par ce coup de massue, qu'un successeur a d'ailleurs raturé d'une plume décidée :

« *Nota : inter hos 29 nullus, meo judicio, obs circumstantiis rite et scrupulosé examinatis, admittendus erat ad incisionis operationem ; sed, heu ! sunt tales hoès (homines) qui innitantur sententiæ suæ !!!*»

(S) Crandfils Pastor Elemosinarum ut spero pro ultimo anno.

La plus ancienne liste des taillés porte ce titre :

« Registre de ceux dans le front desquels une parcelle de la Sainte Etole fut insérée, commencé le douze octobre 1806 par dom Isidore Bauwens, religienx de la cy devant abbaye de saint Hubert, natif de Nodebais en Brabant-Wallon, département de la dyle. »

Isidore Bauwens mourut le 16 septembre 1813. Du 12 octobre 1806 jusqu'au 6 août 1813, date de sa dernière intervention, le moine pratiqua 2363 tailles soit, en moyenne, une par jour !

Passons, d'un bond rapide, à ces dernières années.

1907 compte 16 taillés ; 1908, 10 ; 1909, 4 ; 1910, 16 ; 1911, 20 ; 1912, 18 ; 1913, 6 ; 1914, 3 ; 1915, 4 ; 1916, 0 ; 1917, 0 ; 1918, 0.

Les dernières taillent à Saint-Hubert datent du 30 janvier 1919. Elles furent pratiquées par M. C. Bozet, sur les personnes suivantes :

François Catteloir, Camille Dupont, Emile Naert, originaires de Marcke-lez-Courtrai, et mordue par chien enragé le 21 janvier 1919.

Depuis cette date le registre abonde en pages inscrites qui ne mentionnent que des répits.

Le Répit. — Le répit est la deuxième pratique thérapeutique appliquée à l'intercession de saint Hubert.

Dans le cas de *morsure à sang* par un animal suspect, l'aumônier de saint Hubert l'accorde :

1° Aux enfants qui ne comprendraient pas le sens de l'opération de la taille ;

2° Aux personnes que l'on juge inopportun de tailler au moment présent ;

3° Aux personnes éloignées, qui, pour cause d'infirmités ou autres motifs plausibles, ne pourraient se rendre à Saint-Hubert.

Mais c'est toujours au répit qu'on a recours en cas de *morsure sans effusion de sang.*

Les aumôniers de Saint-Hubert ont le pouvoir d'accorder répit à vie et le répit à terme.

Il résulte du formulaire de la neuvaine, que toute personne taillée bénéficie, elle aussi de la singulière faculté de donner le répit. Mais ici ce répit ne compte que pour quarante jours.

Il ne s'impose qu'aux personnes mordues *à sang* ou *à sec*, qui ne pourraient prendre sur l'heure le chemin des Ardennes. Ce répit se renouvelle à volonté, de quarante en quarante jours. On en a vu, ajoute le Dr Tricot, s'enchaîner ainsi pendant trente-huit ans.

Les Chevaliers de Saint-Hubert et la rage. — Nous devons arrêter ici les renseignements puisés dans cette intéressante brochure, et avec le Dr Tricot nous renvoyons au livre de H. Gaidoz, ceux qui désirent approfondir la matière (1). Ils trouveront dans le même ouvrage des détails intéressants sur les prétendus chevaliers de Saint-Hubert.

La rage est une maladie trop cruelle, écrit Gaidoz, pour que les guérisseurs, ou soi-disant tels, soient laissés dans l'ombre. C'est par ce sentiment de crédule espérance qu'il faut expliquer la vogue qu'un prétendu chevalier de Saint-Hubert eut pendant quelque temps en France, au milieu du XVIIe siècle. On disait que sa famille était issue du saint et qu'en vertu de son origine, cette famille avait le don, en touchant à la tête, de préserver de la rage et de guérir par ce seul attouchement, ceux qui avaient été mordus par des animaux enragés. Cette famille avait aussi le pouvoir de donner le répit, et de toucher les animaux avec la clef de Saint-Hubert. Ces privilèges se trouvaient relatés dans un « billet imprimé » ou prospectus, que répandait « Georges Hubert, chevalier, issue en droite ligne de la race du glorieux Saint Hubert d'Ardenne, gentilhomme de la maison du Roy. » Tels étaient ses titres, ceux du moins qu'il se donnait lui-même, ajoute Gaidoz. Cet auteur prétend aussi, que ce chevalier opérait avec l'approbation de l'autorité civile et ecclésiastique.

Le 2 août 1652, Georges Hubert eut une permission spéciale de Jean François de Goudy, archevêque de Paris qui lui accordait la chapelle de Saint Joseph (dans la paroisse de Saint Eustache) pour y toucher les personnes qui se présenteraient. Georges Hubert jeûnait la veille du jour qu'il devait toucher, et le jour même il se confessait et communiait.

Il ne se bornait pas à opérer à Paris, il courait la province. Les Etats de Bretagne, par une décision du 31 juillet 1653, lui votaient une somme de quatre cents livres.

Des évêques de province lui accordèrent également leur approbation : l'évêque d'Angers se fit toucher lui-même et ses domestiques. Il dit dans sa permission que les personnes touchées par le chevalier, étaient ainsi dispensées de « faire le voyage de Saint-Hubert. » Il y eut plus de trente évêques et archevêques qui donnèrent cette permission.

(1) *La Rage et St. Hubert.* Paris 1887.

Les colporteurs de Saint-Hubert. — Gaidoz donne aussi des renseignements folkloriques très complets sur les colporteurs de Saint-Hubert. Comme source de renseignements à leur sujet, il rapporte des allusions puisées dans les écrits d'anciens auteurs, ainsi que des souvenirs de personnes qui ont vu circuler dans nos provinces les derniers représentants de l'industrie sacrée exercée par les colporteurs, aujourd'hui totalement disparus.

Le témoignage donné à l'auteur par M. Henri Dehez, de Malmédy, nous paraît devoir être retenu :

« Je me rappelle que dans mon jeune âge, il y a de cela une quarantaine d'années, (1) dit M. Dehez, il arrivait de temps à autre, en été surtout, des colporteurs venant de Saint-Hubert-en-Ardenne et qui circulaient d'une maison à l'autre dans la ville et ses environs. »

Ces gens ordinairement des vieillards en blouse bleue, étaient porteurs d'une case s'ouvrant à deux battants et contenant la représentation de l'église et de l'autel de Saint-Hubert avec toutes sortes d'accessoires pour enjoliver la chose et la rendre plus intéressante aux femmes et aux enfants : petit cierges bouquets, rubans, etc.

Ils faisaient le commerce d'images, de chapelets, de bagues, de cornets, peut-être aussi de scapulaires, le tout bénit à Saint-Hubert et touché aux reliques.

Ces petits objets se payaient quelques centimes et tout le monde en faisait l'acquisition. Les bagues étaient généralement pour les petites filles, tandis que les cornets (cors de chasse) en métal blanc ou pauvre, étaient pour les petits garçons, on leur attachait le cornet à la casquette au bonnet ou au chapeau, ordinairement sur le côté. On croyait généralement que porter ces objets garantissait de la morsure des chiens enragés.

Les colporteurs vendaient aussi de petites brochures contenant la vie et les miracles de saint Hubert.

Depuis bien des années, depuis quarante ans peut-être, on ne voit plus venir ces colporteurs, j'ignore pour quel motif ils ont cessé leur commerce.

Les colporteurs justifiaient l'origine de ces objets pieux par un certificat émanant de l'aumôninr de l'église de Saint-Hubert.

Les médailles étaient de toutes les formes et de toutes les grandeurs, rondes, ovales, carrés, losangées, octogones, estampées ou bien à deux faces : d'un côté la scène de l'apparition; de l'autre, tantôt l'image de l'étole miraculeuse, de la clef et du cornet, ou bien l'image d'un autre saint, afin de permettre aux personnes pieuses de réunir dans une même médaille deux de leurs dévotions préférées, ou encore de joindre un préservatif contre la rage à la dévotion d'un saint particulier.

Tous ces objets étaient faits pour être portés au cou ou sur les vêtements, comme on le voit par les *bélières* ou attaches dont ils sont

(1) L'auteur écrivait en 1887, c'est donc en 1847 que se place ce récit.

munis. Ils sont la plupart en cuivre, en plomb ou en étain, ou en de vulgaires alliages, ils étaient de la sorte à la portée des bourses les plus pauvres; ce n'est pas, ajoute Gaidoz, qu'on n'en fabriquait aussi en argent et en or, mais de tout temps les objets sacrés faits d'un métal précieux ont été de conservation difficile, et bien peu traversent les siècles sous la forme que leur a donné la piété.

Dans sa brochure «*Saint Hubert et son culte en Belgique*», Emile H. Van Heurck, reproduit une série de ces médailles et affiques d'après un article publié dans «*Chasse et Pêche*» par M. Victor Tourneur.

Clef de St. Hubert. L'application de la clef de St. Hubert comme moyen préventif et curatif contre la rage était strictement limitée aux animaux ainsi que cela résulte des textes suivants :

«Les clefs,cors ou cornets devez toucher à la Sainte Etole et bénits sous les prières accoutumées, ont la vertu de préserver de rage les animaux qui en sont marqués, de guérir cenx qui ont été mordus par bêtes enragées ou s'ils viennent à mourir après être ainsi marqués, ils meurent paisiblement sans offenser d'autres.

Voici comme on en doit user. — Aussitôt que vous reconnaitrez que l'animal que désirez secourir aura été mordu par quelqu'autre touché de rage, vous chaufferez la dite clef au feu et la lui imprimerez toute brillante sur la plaie même, si commodément faire se peut, sinon sur le front, jusqu'à la chair vive.

Ce fait, vous réciterez dévotement par l'espace de cinq ou neuf jours continuels, selon votre dévotion, cinq fois Pater et Ave, en l'honneur de Dieu, de sa glorieuse Mère, et de saint Hubert, et donnerez par chacun des dits jours au dit animal, avant tout autre manger, un morceau du pain ou de l'avoine bénite, j'ai dit aussitôt, par ce que l'expérience enseigne, qu'il y a du péril au délai.

Sera bien fait, qne pendant les dits neuf jours, la bête ainsi offensée, chien ou autre, soit tenue renfermée, craignant que par quelque agitation immodérée, comme de chasse ou autre exercice, le venin ne se dilate davantage.

On donne aussi pour certain antidote et assuré préservatif, que ceux qui par une singulière dévotion se font enrôler en la confrérie du dit saint, et lui arrêtent (arrentent) leurs bêtes sous quelque cens annuel, tel qu'il leur plait, comme il se pratique en plusieurs lieux, se trouveront d'ordinaire affranchis de cet accident funeste, de quoi la gloire soit à Dieu, admirable en ses saints. (Archives de Malines, n° 3).

Un alinéa d'une instruction imprimée semblable, mais qui paraît plus ancienne (1) ajoute : «Ce serait un abus et ces clefs seraient profanées, si on s'en servait pour marquer des hommes, ou si on les imprimait sur du bois ou autre chose, lorsqu'elles sont rougies au feu, puisqu'elles ne sont bénites que pour marquer les animaux.»

Cette défense formelle nous met à l'aise pour parler de l'espèce de

(1) Voir Van Heurck, p. 20, ouv. cité

guillotine que l'on avait dû installer — on ignore à quelle date — dans le village limbourgeois de Lille-St-Hubert pour satisfaire au très grand nombre de demandes d'application des clefs aux animaux.

La description de cet appareil, unique en son genre, fait l'objet d'une lettre adressée il y a quelques années au Dr Tricot-Royer, par le curé de Lille-St-Hubert et que celui-ci fait précéder de quelques détails intéressants :

« Vers le milieu du XIVe siècle, je ne pourrais préciser, le comte de Wassenberg fit donation de septante bonniers de terrains marécageux à l'abbaye de St. Hubert-en-Ardenne. En récompense, l'abbaye donnait à Lille, avec les clefs, le

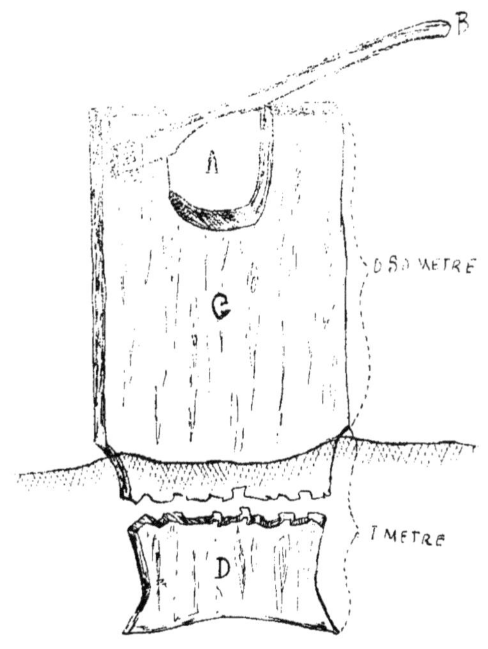

Appareil pour l'application aux chiens de la « clef de St. Hubert ».
Lille-St-Hubert (Limbourg).
a) Ouverture par où passait la tête dn chien.
b) Levier permettant d'immobiliser la tête du chien.
c) Partie de l'appareil dépassant le sol.
d) Partie de l'appareil fixée dans le sol.

privilège de les employer. C'est aussi de ce fait que date le pélerinage de Saint Hubert dans notre village et que « saint Hubert » s'est ajouté au nom primitif de Lille.

Ces cachets sont depuis ce temps-là dans le patrimoine de notre église paroissiale. Le curé en faisait usage : pour préserver contre la rage, des chiens, chevaux, moutons, etc., vivant dans un milieu où la maladie s'était déclarée ; ou bien pour guérir de la rage les animaux atteints. Généralement c'était à Lille-St-Hubert que les animaux furent brûlés ; parfois cependant le barbier reçut du curé du village l'autorisation d'aller brûler sur place, surtout quand il s'agissait de troupeaux entiers et très loin d'ici. Le chien se trouvant immobilisé dans une trappe en bois, on lui fit une petite tonsure sur la tête pour empêcher les poils de se coaguler sous l'action du fer chauffé à blanc, incident qui pourrait rendre douteux l'efficacité de l'opération, l'empreinte du cachet devant se trouver dans la peau du chien. Les neuf jours suivants le chien doit manger tous les matins, étant à jeûne, du pain bénit de St. Hubert. Aussi le propriétaire doit-il faire pénitence ; prier l'acte de foi et manger le pain pendant la neuvaine. Par l'ensemble de ce cérémonial, les chiens guérissent, ou dépérissent sans mordre encore d'autres chiens. Ceux qui ont été brûlés à titre préventif deviennent la terreur des chiens enragés qui s'enfuient en les voyant. C'est un fait,que pour aucun chien l'opération n'a été inefficace.Cette opération médicale, accompagnée de pratiques religieuses, fut couronnèe des meilleurs résultats, aussi le nombre de chiens atteignit certaines années la centaine.

Il va sans dire que le révérend curé ne pouvait plus continuer à pratiquer la brûlure lui-même, surtout que tous les chiens n'y mettaient pas la bonne volonté et le calme qui auraient facilité de beaucoup la tâche de l'opérateur. Il se passait parfois des scènes terribles à voir dans la cour de la paisible maison curiale. Maintenus par ta tête dans le piège, les chiens perdirent toute maitrise de leurs besoins naturels, ils se tordirent dans la tourmente et déployérent toute leur force musculaire pour se dégager de cet instrument de torture. Il y en avaient qui déracinèrent la trappe et s'encoururent, le piège au cou, en poussant des hurlements et provoquant un désarroi général qui suspendit pour quelques minutes la suite de l'exercice. Au milieu de ce bruit infernal la position du curé devint intenable. Aussi, vers 1820, le curé Spierings céda la fonction à un cordonnier-barbier du village, un certain Th. Vandewyer, dont le fils, en même temps que le double métier, hérita des clefs de St. Hubert et de la fonction qu'il a exercé encore il y a quelques années. C'est à lui que je me suis adressé pour voir les cachets et les papiers prouvant l'authenticité des clefs ; il me les a montrés, mais les papiers s'étaient égarés, car il y a déjà une petite dizaine d'années qu'il n'en a plus fait usage. C'est de lui que je tiens l'anecdote suivante qui prouve l'authenticité des clefs qu'il possède : Un jour il vint à Lille-St-Hubert un paysan hollandais pour demander si le barbier ne pourrait pas l'accompagner à Helmond, « car, disait-il, mon troupeau a été mordu par un chien enragé et il m'est impossible d'amener mon troupeau entier à Lille-St-Hubert. » Le cordonnier l'envoya chez le curé qui, satisfaisant à sa demande, permit à Vandewyer de l'accompagner. Arrivé à Helmond, le clergé intervint, car on craignait avoir à faire à un de ces charlatans qui depuis quelque temps déjà exploitaient là-bas des brevets analogues. Notre homme cependant, après avoir montré ses pièces, reçut,avec les excuses du curé, l'invitation de brûler validement les animaux qui, quelques jours avant, avaient été brûlés par des charlatans.

Actuellement cependant on ne pratique presque plus la brûlure et ce qui reste des cachets n'a plus qu'une petite ressemblance avec les cachets primitifs. La plaquette a presque entièrement disparu. »

Ce que le curé de Lille-St-Hubert appelle un « cachet » est, en réalité, une des nombreuses « clefs » de St. Hubert que les dirigeants ou les fondateurs des confréries de saint Hubert, fondées un peu partout, se procuraient à l'occasion d'un pèlerinage à l'église abbatiale de St. Hubert en Ardenne. La preuve en est fournie par la comptabilité des confréries de Malines et d'Anvers.

Les comptes pour l'année 1751 de la *Sint Huybrechts gilde* d'Anvers indiquent « *qu'il a été payé à André van Huchelroy, orfèvre à Anvers, la somme de 4 florins 6 sols 1/4 pour avoir garni la clef dont Monsieur l'abbé de St. Hubert a fait don à la confrérie.* »

Cette « clef » existe encore dans les archives de l'église St. Charles à Anvers. La partie servant à marquer les animaux a exactement la forme d'un petit cor de chasse, d'où le nom de « cornet » de St. Hubert qu'on donne également à ces clefs.L'exemplaire d'Anvers a 15 cm. de longueur, y compris le manche en palissandre garni de bandelettes en argent.

La clef de St. Hubert la plus ancienne dont la provenance est établie par des documents probants, paraît être celle conservée en l'église de Burght (Anvers).

D'après qu'en dit Emile Dilis, dans une relation très complète intitulée : *Une vraie clef de St. Hubert de 1694* (Godenne, Editeur. Malines 1911) l'objet n'est autre qu'une clef assez grossière, en fer forgé, ayant une longueur de 375 millimètres. Le panneton, qui est carré, est très éloigné de la pointe de la clef, et celle-ci n'a pas de poignée. La forme diffère donc totalement des cornets provenant directement de l'abbaye de Saint Hubert-en-Ardenne.

D'après les documents publiés par E. Dilis, la clef de Burght paraît avoir une autre origine. Elle avait été bénie à Leefdael (Tervueren) et donnée à l'église de Burght, le 15 décembre 1694, par Lutgarde Arys, religieuse à l'abbaye de 's Hertogendael, ou Valduc.

Le culte de saint Hubert est très en vogue à Leefdael. Une confrérie, en l'honneur du patron des chasseurs y existe au moins depuis 1639. L'origine de cette dévotion se rattache probablement au fait que saint Hubert, les derniers jours de sa vie, vint prendre quelque repos à Leefdael. Il venait de consacrer une église que des seigneurs avaient fait construire à Héverlé. L'église du village de Leefdael, d'après une tradition en cours dans la localité, aurait même été consacrée par le successeur de saint Hubert.

Remarquons à propos de Leefdael, que l'abbaye bénédictine d'Afflighem y a possédé certains biens, et qu'à diverses reprises les fonctions pastorales y furent exercées par des religieux de ce monastére.

Il est connu, d'autre part, que Gaspard De Crayer, qui a peint la belle conversion de saint Hubert, décorant le maître-autel de l'église de Leefdael, a vécu quelque temps à l'abbaye d'Afflighem. Il y eut même un atelier, et c'est là qu'il peignit les toiles qu'on admire encore dans les églises et monastères des envirous. (1)

Des rapports suivis existèrent donc entre cette puissante abbaye et l'église de Leefdael, et il est probable que ce sont les moines de cette abbaye qui auront forgé la clef, donnée en 1694, à l'église de Burght.

C'est également de Leefdael, rappelons-le, que provint la relique de saint Hubert, dont le comte de Bergeyck fit don à la confrérie de Malines. Dans une attestation déposée dans les archives de cette confrérie, il est dit: «lesquelles reliques viennent de la paroisse et baronnie de Leefdael dont la même église a été consacrée par le Grand saint Hubert en personne et dans laquelle il a fait sa première prédication.» (2)

Si l'église de Leefdael avait le pouvoir de délivrer des reliques du grand Evêque, elle aura certainement aussi fourni des clefs. L'on peut donc couclure que la «vraie» clef de Burght est de fabrication braban-

(1) Extrait de l'article « *Gaspard de Grayer, l'oublié* » publié par Sander Pierron dans le journal « *Neptune* » d'Anvers.

(2) Ces reliques furent reconnues, le 31 août 1736, par Mgr le cardinal d'Alsace et de Bossu, archevêque de Malines.

çonne, tandis que les clefs en forme de *cornet* proviennent de l'abbaye même de Saint Hubert.

Après avoir rapporté l'opinion du Père Jésuite J. Roberti, qui publia en 1624, une remarquable histoire de saint Hubert, et de Mgr. Xavier Barbier, qui s'est occupé spécialement de la question des clefs miraculeuses, E. Dilis dit encore : que l'objet ou outil dont on s'est servi pour marquer les animaux, dans le but de les guérir ou de les préserver de la rage était à l'origine une véritable *clef*.

Cette opinion a été émise nombre de fois par plusieurs auteurs. Ils font valoir que certains papes, parmi lesquels on cite Grégoire-le-Grand, offrirent à des dignitaires de sang royal, comme Childebert, roi des Francs, Charles Martel, et Alphonse, roi de Castille (1079) une *clef de St. Pierre*, contenant des parcelles (*ramenta*) des chaînes dont avait été couvert le Prince des Apôtres durant les derniers jours de sa vie.

Saint Servais, premier évèque de Maestricht, avait également reçu une de ces clefs. Elle existe encore dans le Trésor de l'église de cette ville.

Suivant une vieille tradition, ces clefs furent enterrées avec les personnes qui les avaient reçues, ce que le poète Hendrik Van Veldeke raconte comme suit :

Te synre rechter syden
Lach der Busscop staff,
Ende om dander syde, dat hoem gaff
Sinte Pieter, dien te Romen was
Den sleutel dien hy gaff sinte Servaes
Van hiemelschen ghewerke
Die noch is in synre kerken. (1)

Saint Hubert, le dernier évêque qui eut son siège à Maestricht, reçut également une de ces clefs des mains du Pape. Suivant l'usage, elle aura été enterrée en même temps que le saint, mais, lorsqu'au 21 septembre 825, ses saintes reliques furent transférées à l'abbaye d'Andage, la clef resta à Liège, en l'église St. Pierre. De là, elle fut, à la révolution française, mise en sûreté à l'église Ste Croix, à Liège, où elle se trouve encore actuellement.

La forme d'une véritable clef dans le genre de celle de Burght (1694) semble donc bien être celle des premiers fers, ayant servi à brûler les animaux, et ce n'est que plus tard qu'ils ont pris la forme d'un «cornet» ou petit cor de chasse.

Hubert Dumoustier signale l'existence, dans le Poitou, d'une vraie clef de St. Hubert, et il en donne la reproduction. Comme on ignore l'origine réelle de cette clef, elle perd beaucoup de son intérêt.

La forme «cor de chasse» étant la plus moderne donnée aux clefs de saint Hubert, il s'explique que l'on en retrouve encore un as-

(1) Traduction : La crosse se trouve à droite de l'évêque, et de l'autre côté la clef que St. Pierre lui donna quand il était à Rome. Cette clef d'une construction divine fut donnée à Saint Servais et se trouve encore en son église.

sez grand nombre. Plusieurs églises qui possèdent des reliques de saint Hubert détiennent aussi un exemplaire du fer, ou cornet, à brûler les animaux.

Suivant une relation très intéressante, publiée dans le journal néerlandais «De Maasbode» du 21 mars 1926, par le révérend abbé H. Hogeland, le Dr H. A. Zwijnenberg, de Enschede, aurait même découvert une des clefs de saint Hubert, de ce dernier modèle, dans un musée Suisse (*Schweizersche Landesmuseum für Volkskunde*).

Le fait n'étonne nullement quand on sait que les moines de l'abbaye de St. Hubert en délivraient un si grand nombre que le texte des instructions nécessaires pour leur application avait été imprimé, et qu'on en a retrouvé au moins une seconde édition.

*
* *

Ce qui est également établi, c'est que dès le XVe siècle, les chiens de chasse des meutes seigneuriales de Boitsfort étaient placés sous la protection du grand Evêque.

Lorsque des chiens de la meute, écrit Galesloot, en parlant de la maison de chasse du duc Antoine, « avaient été mordus d'un chien atteint d'hydrophobie, ou chien mauvais, comme on disait alors, on les menait à St. Hubert en Ardenne ou au village de Leefdael (1) qui possédait, paraît-il, une image de ce saint en grande vénération. »

Mais à la même époque on avait encore recours à un autre remède préventif, fort curieux, contre la rage.

Parfois, les chiens de la meute étaient conduits à la mer, pour les y baigner, « ce qui est un bien petit remède, dit le *Roy Modus* ». En 1407, il fut ainsi payé 48 sols, 6 deniers, à trois compagnons veneurs « *pour le 6e jour de mars, avoir esté partis de l'hostel de Boitsfort, et mené tous les chiens et lévriers estant audit Boitsfort, par le commandement de Monseigneur, à la meir à Hulsterloo, à cause de ce qu'ils avaient été mors de chiens mauvais.* »

Dans les provinces belges, les bains de mer, comme remède contre la rage, n'ont guère été utilisés. Cette pratique ne se conciliait du reste pas avec les coutumes se rattachant au culte de saint Hebert et celles-ci ont toujours été fidèlement observées, non seulement par tout le personnel de la vénerie, mais aussi par les ducs eux-mêmes, ainsi qu'en témoigne un fait rapporté par Galesloot.

Quand Philippe-le-Bon était de séjour à Bruxelles, le jour de la fête de saint Hubert, ce qui lui arrivait souvent, il ne manquait jamais d'associer aux réjouissances le personnel de la vénerie ducale.

En 1446, à l'occasion de la St. Hubert, il les réunit tous dans l'hôtel du maître-veneur, Jean Hinckaert, et il y eut des réjouissances qui commencèrent le matin et ne finirent qu'à la nuit. Le duc assista en

(1) A Leefdael, on « brûlait » également les animaux avec la clef de saint Hubert. Ce détail n'est toutefois pas donné par Galesloot. Les archives de l'église ne laissent cependant aucun doute à ce sujet.

personne à cette fête. Il était accompagné du comte d'Etampe, de ses neveux Adolphe de Clèves et le seigneur de Beayeux et suivis d'une foule de seigneurs et de serviteurs de sa cour.

De toutes les coutumes se rattachant à la légende de saint Hubert c'est certainement celle des repas anniversaires qui s'est perpétuée le plus fidèlement. Mais un des plus glorieux saints du calendrier n'a-t-il pas dit «que l'arc ne peut pas toujours être tendu, et qu'il convient quelque fois de se donner délassement.» (De Voragine. Ouv. cité.)

Si d'autre part, les progrès accomplis par la science de la médecine ont fait oublier quelque peu l'horrible fléau de la rage, des milliers d'êtres humains continuent à invoquer le grand thaumaturge, apôtre des Ardennes, pour les garder, eux et leurs animaux domestiques, de tous les dangers. Les attestations que voici relatives à la chasse en fournissent la preuve :

Je remercie le Bienheureux Saint-Hubert de m'avoir préservé d'un grave accident de chasse au parc de Schwarzau (Autriche) le 9 avril 1894, attendu qu'un chevreuil ne m'a blessé que légèrement de ce bois.

Signé : Le Duc de Parmes.

Cette inscription encadrant le bois de ce chevreuil figure dans la sacristie de l'église, abbatiale de St Hubert à côté du pied d'un «dix cors», exposé dans un autre cadre, et fixé sur une plaque en argent, sur laquelle a été gravé :

Forêt de St Hubert-Rallye Ardenne. — *Attaqué aux tailles du bois de Baudes, un vieux dix cors pris, le lendemain, au bois de Grune, après sept heures de chasse. Les honneurs du pied furent faits par les veneurs présents à leur vénéré patron Saint Hubert, représenté par le curé Doyen, Monsieur Jean Schmit. Ce pied fut conservé depuis lors dans la trésorerie de l'église de St Hubert.*

Baron Léon d'Hoogvorst-Comte Dieudonné du Val, Grand-Maître, Baron van Havere, Général Capiaumont, Marquis de chasteler, Baron van Delft, Comte Paul de Lannoy, Marquis d'Assche, Monsieur de Catters, Comte de Liedekerke, Beaufort. Jean Loiseau, piqueur.

Maintenant que nous sommes arrivés au bout de notre tâche, nous pourrons conclure, que si Saint Hubert est sans contredit l'un des saints les plus populaires, il doit en grande partie cette popularité à la pieuse légende que nous avons analysée en détail.

Des chasseurs, des «disciples» de Saint Hubert, comme on dit, il y eu a dans le monde entier. Aussi n'est il pas étonnant de voir le culte de ce saint fleurir dans tous les pays, en Belgique en Hollande, en France, en Allemagne, en Espagne, en Angleterre, en Irlande.

Voici d'après en *Semaine Religieuse*, du diocèse de Namur (n° du 13 mars 1927) la liste de églises qui ont été consacrées à Saint Hubert.

Belgique. - *Diocèse de Malines.* — 10 église : Berchem-St-Hubert, Schaffen, Ten-Aert, Wespelaer, Hulsen, Baisy-Thy, Ramillies, Boitsfort, Elewyt, Wahkerzeel.

Diocèse de Liége. — 23 églises : Aubel, Neer-Gladbeck, Sur-le-Mez, Milmort, Bellemaison, Rausa, Tilleur, Heuzy, Esneux, Marneffe, Surister, Gemmenich, Lille-Saint-Hubert, Hern-Saint-Hubert, Stoumont, Wegnez, Henis, Verviers (paroisse Saint-Hubert), Haccourt, Canne, Ger, Lens-sur-Geer.

Diocèse de Namur. — 34 églises : Tontelange, Bœur-Buret, Givroule, Les Dions (Winenne), Offagne, Mortehan, Durnal, Sovet, Pesches, Sommière, Houmart, Harre, Odeigne, Louftémont, Volaiville, Arbre, Bièvre, Oisy, Evelette-Libois, Bérimenil, Vecmont, Eghezée, Ortho-Nisramont, Lahage, Marenne, Bebange, Han-sur-Lesse, Saint-Hubert, Hompré, Villers-la-Loue, Redu et la célèbre chapelle de la Converserie,

Dans les diocèses de Gand et de Bruges, nous n'avons pas rencontré d'églises dédiées à saint Hubert. Dans le diocèse, de Tournai, il n'y en a qu'une, à Loverval.

Grand-Duché de Luxembourg. — 10 églises : Itzig, Petingen, Steinbrücken, Munshausen, Kapellen, Blascheid, Saul, Bech-Kleinmacher, Merscheid, Kaundorf,

Allemagne. — Diocèse de Cologne 17 églises. Diocèse de Trèves, 18 ; diocèse de Paderborn, 2 (Munster et Hildesheim).

Hollande. — *Dans le diocèse de Bois-le-Duc*, 15 églises ont saint Hubert comme patron.

France. — Leur nombre est trop grand pour qu'il soit possible de les énumérer en détail. Voir le livre d'Hubert Du moustier pour ce qui concerne le Poitou

Angleterre. — Les église de Idsworth, dans le comté de Hampshire, de Corfe-Mullen, dans le comté de Dorset, datant du Moyen-Age, sont dédiées à S. Hubert. Ces deux paroisses sont situées dans le voisinage de la forêt appelée New-Forest, que Guillaume II, roi d'Angleterre, fils du Conquérant, a formée pour ses chasses et agrandie en détruisant et en supprimant plusieurs paroisses catholiques dont il chassa les habitants.

Les églises de Great-Harwood, près de Blackburn, comté de Lancaster, ainsi que la belle chapelle de Harrowden Hall, au comté de Northamptonshire, ont aussi S. Hubert comme patron. A Froyle (Hampshire) et à Wolmersley (Yorkshire), on trouve des vitraux modernes représentant S. Hubert. Sur quelques cloches datant du Moyen-Age on lit, l'inscription : «*S. Hubert, ora pro nobis.*»

Dans le transept nord de l'église anglicane Sainte-Marie de Ashbury (Berkshire), on trouve une chapelle dédiée à S. Hubert où l'on peut voir un autel avec rétable en bois scupté représentant le saint évêque.

Les stalles de l'église de Winthorpe (Lincolnshire) reproduisent la légende de S. Hubert.

— FIN —

Table des Matières.

Préface par Albert Houtart. 3
Avant Propos. 5

PREMIÈRE PARTIE.

I. — Les Prédécesseurs de saint Hubert en tant que patron des chasseurs. 7
II. — Interprétations artistiques des légendes pieuses. 15

DEUXIÈME PARTIE.

I. — L'ordre noble de saint Hubert de Lorraine et du Barrois. 31
II. — La maison de chasse des Abbés de St Hubert, à Bure. 37
III. — Le corps de saint Hubert est-il caché à Bure ? 42
IV. — Les décorations de l'ordre de St Hubert. 33-44
V. — La chapelle de « La Converserie » à Laneuville-au-Bois (Luxembourg). 45

TROISIÈME PARTIE.

Les Gildes et Confréries de Saint Hubert.

I. — La «Sint-Huibrechtsgilde» à Anvers (1518-1821). 51
II. — La Confrérie de saint Hubert à l'église St Jacques à Anvers. (1447). 65
III. — La Noble et Illustre Confrérie de saint Hubert à Malines (1702-1781). 66
IV. — La Confrérie de saint Hubert à Louvain (1484). 84
V. — La Confrérie de saint Hubert à Gand, en la chapelle du «*Vleeschhuis*» (1448-1828). 92
VI. — La Confrérie de saint Hubert à Esneux (Liége). 1849. 108
VII. — La Confrérie de saint Hubert des « Mussegilden » ou chasseurs de moineaux. (XVIIIe siècle. Campine anversoise). 111

QUATRIÈME PARTIE.

I. —Les cors de chasse: Comme emblèmes religieux; comme insignes pour les chasseurs et comme accessoires de chasse. 115
II. — Les limiers de St Hubert. 127

CINQUIÈME PARTIE.

La Rage : La taille. Le répit. Les clefs de St Hubert. 142

Tables des Gravures.

1. — Conversion de saint Eustache. Gravure XVIIe siècle. 10
2. — Conversion de saint Hubert. (Antependium). 14
3. — Les Miracles de saint Hubert, par Jean Valdor. 17
4. — Conversion de saint Eustache, par Albert Dürer. 19
5. — Conversion de saint Hubert, par Jean Wierix. 21
6. — Conversion de saint Hubert, par Jérome Wierix. 24
7. — Conversion de saint Hubert, par P. Van der Borcht. 26
8. — Conversion de saint Hubert, par auteur inçonnu. 28
9. — Croix de l'Ordre de saint Hubert de 1444. 32
10. — Maison de Chasse des Abbés de saint Hubert à Bure. 38
11. — Armoiries de l'Abbaye de saint Hubert. 40
12. — Insigne de l'Ordre prussien de saint Hubert. 44
13. — La Chapelle de la « Converserie », croquis par Fr. Vandenbroucke. 46
14. — Une plaque commémorative garnissant cette chapelle. 48
15. — Une des pages du Livre d'Or de la «St. Hubrechtsgilde» d'Anvers. 52
16. — La Tentation de saint Antoine l'Ermite, par M. de Vos. 54
17. — Reliquaire et Trompe de la « St. Huybrechtsgilde » d'Anvers (1518-1821). 59
18. — Le livre d'Or de la «Noble Confrérie de St. Hubert» de Malines (1702-1781). 83
19. — Lambris ornant la chapelle de saint Hubert (Eglise St. Jacques à Louvain). 88
20. — Vleeschhuis à Gand. Cartel d'armoiries du Doyen P. Minne 95
21. — Cerf avec blason de la corporation (1692). 105
22. — Reliquaire de saint Hubert. 107
23. — Cor de chasse de saint Hubert. 117
24. — Trompe de chasse des Bouchers de Gand (XVIe siècle). 119
25. — Philippe-le-Bon à la chasse (Enluminure). 121
26. — Chasse Calydonienne (fragment), par P. P. Rubens. 123
27. — Trompe en terre cuite (XVIe siècle). 124
28. — Parodie de la légende de saint Hubert. 126
29. — Chien de Saint-Hubert (Bloodhond). 128
30. — Chien-Limier, type Saint Hubert. 138
31. — Chien de Saint-Hubert conduit en laisse (tapisserie). 139
32. — Brique de Foyer avec légende de saint Hubert. 140
33. — Baudrier et Massue des «Hondenslaegers» d'Anvers. 144
34. — Appareil pour appliquer aux chiens, la «clef de saint Hubert. 152

Editeur E. NOURRY
62, rue des Ecoles
PARIS

www.ingramcontent.com/pod-product-compliance
Ingram Content Group UK Ltd.
Pitfield, Milton Keynes, MK11 3LW, UK
UKHW020255180726
13839UKWH00001B/322

9 782329 565927